中华蒙学经典

格言联壁

马天祥 译注

中華書局

目　录

前　言

《格言联璧》是清人金缨编辑的一部格言集成。金缨，字兰生，清朝道光、咸丰时人，他遍览群书，凡遇名言佳句便记录下来辑为《觉觉录》，后因《觉觉录》篇幅浩繁，刊刻费用巨大，又在此基础上取其精华选编为《格言联璧》。

《格言联璧》共分为学问、存养、持躬、养生、敦品、处事、接物、齐家、从政、惠言、悖凶十一类，内容广博，意蕴深厚，涵盖了社会人生的各个方面，反映了传统社会的道德观念。各个时代的思想精髓都有所包罗，厚重睿智的思想通过简练的话语得到了明晰的呈现。此外，它的篇类编排也体现了一定的内在逻辑和顺序。除了最后两章的“惠言类”和“悖凶类”属于“善言善行”和“恶言恶行”的分章总结外，前九类大体上遵循着宋代以来君子修身“格物”“致知”“诚意”“正心”“修身”“齐家”“治国”“平天下”的思想脉络。

虽然全书分有十一类，但是每类的首要思想都是在告诫人们要立德为先、修身为要，即无论做什么事，先要做一个堂堂正正的人。而这种立德修身又不是靠空谈得来的，需要在现实生活中通过不断约束改进自己来实现。比如“学问类”主要讨论“治学修身”的问题，开篇便提出“天地间第一人品还是读书”，肯定了“第一人品”

即立德修身的重要性，更指出“第一人品”的最终养成，归根结底还是要从学习辑有先贤言行和教诲的书籍中得来。

《格言联璧》成书于清朝中晚期，书中的许多格言侧重生活实际，直至今日仍不失实用意义。“养生类”中的格言以中医理论为依据，对当下人们保养身体仍大有帮助。“敦品类”“处事类”“接物类”等章对人们为人处世方面的指导和告诫，对现代人仍有一定的指导意义。不过，因编者无法超越所处时代的局限，书中的“因果报应”等思想带有迷信色彩，我们在吸取书中精华的同时还要摈弃一些不符合客观认知的思想。

金缨辑录《格言联璧》的工作始于道光二十六年（1846），至咸丰元年（1851）刊刻印行，光绪二十三年（1897）重刊。民国时期，扬州张瑞曾对该书详加校订且“兼用褒贬圈法，标示其当法当戒者”，印光大师为其撰重刻序。本书以《格言联璧》的现行通行本为基础作了整理和注释，由于个人学力有限，如有错讹之处，还请广大读者给予指正，在此深表感谢！

马天祥

学问类

【题解】

本章主题是读书与修身。在编者看来读书与修身存在着紧密的联系。高尚品行的养成，要靠用心读书。在这一过程中，学习圣贤经典是实现个人道德提升的重要途径。通过学习圣贤经典，可以使人明确道德的意义，培养高尚的气节，拥有担当天下的广阔胸怀和强烈的责任感，进而成为像圣贤一样伟大而高尚的人。编者在讲述修身之法的同时，也冷静地告诫人们修身并非易事，要时刻保持谦虚谨慎，不可有丝毫的放松和懈怠。而在严肃认真的坚持修养中，也要保持看问题、想事情的通达与圆融，不可太过偏执。同时，在读书求理时仍要认认真真、虚心学习，不可粗心大意，只有这样才能探求到真理。此外，编者还指出在读书的过程中，一定要把心静下来，树立起坚定的信念，并且依照循序渐进的方法坚持不懈，这样读书才会有所收获。

gǔ jīn lái xǔ duō shì jiā wú fēi jī dé tiān dì jiān

古今来许多世家，无非积德。天地间

dì yī rén pǐn hái shì dú shū

第一人品，还是读书。

【译文】

古往今来许许多多的名门望族，无一不是因为积累德行而兴旺。天地之间堪称第一等的人品，归根结底要靠读书来养成。

dú shū jí wèi chéng míng jiū jìng rén gāo pǐn yǎ xiū dé

读书即未成名，究竟人高品雅①；修德

bù qī huò bào zì rán mèng wěn xīn ān

不期获报②，自然梦稳心安。

【注释】

① 究竟：毕竟，到底。

② 不期：不要求，不期待。

【译文】

用功读书，即便不能成名，最终也会使人人格高尚、品行雅正；修养德行、乐于助人，却不期待得到他人的回报，自然能够睡得踏实，内心安宁。

wéi shàn zuì lè dú shū biàn jiā
为善最乐，读书便佳。

【译文】

如果一个人能将做好事当作自己人生的最大快乐，那么他读书便会读得很好。

zhū jūn dào cǐ hé wéi qǐ tú xué wèn wén zhāng shàn yī yì wēi cháng biàn suàn dú shū zhǒng zi zài wǒ suǒ qiú yì shù bù guò zǐ chén dì yǒu jìn wǔ lún běn fèn gòng chéng míng jiào zhōng rén
诸君到此何为，岂徒学问文章，擅一艺微长①，便算读书种子②；在我所求亦恕③，不过子臣弟友，尽五伦本分④，共成名教中人⑤。

“读书种子”语出《齐东野语·书种文种》，指以读书做学问为己任，且在文化上有所传承的人。《齐东野语》是宋代周密的代表作。

【注释】

①擅：善于，擅长。

②读书种子：读书人，能读书、做学问的人。

③恕：以自己的心推想别人的心。

④五伦：旧指君臣、父子、兄弟、夫妻、朋友之间五种伦理关系，也称五常。 本分：自己应尽的责任和义务。

⑤名教：指古代以确立名位和身份为主的礼仪教化。

【译文】

各位到这里来为的是什么呢？难道只是为了学习知识、写作文章？擅长一门微不足道的技艺，便能算得上做学问的读书人了吗？其实对自己的要求就是以自己的心去推想别人的心，在担当儿子、臣子、弟弟、朋友等不同角色的时候，都要能用自己的心去推想父母、君王、兄长、朋友的内心，去体谅和理解他们。这样努力去做，尽到一个人在君臣、父子、兄弟、夫妻、朋友这五种社会关系中的责任和义务，才能使各位共同成为懂礼数、明教化的君子。

cōng míng yòng yú zhèng lù yù cōng míng yù hǎo ér wén xué gōng míng yì chéng qí měi cōng míng yòng yú xié lù yù cōng míng yù miù ér wén xué gōng míng shì jì qí jiān

聪明用于正路，愈聪明愈好，而文学功名益成其美；聪明用于邪路，愈聪明愈谬①，而文学功名适济其奸②。

【注释】

①谬：错误。

②济：助长。

【译文】

人的聪明才智如果用在正道上，那么越聪明便越好，而学问和功名的获得也会增进他的美德；人的聪明才智若用在了邪道上，那么越聪明便越糟糕，而学问和功名的获得恰恰会助长他的邪恶。

zhàn suī yǒu zhèn ér yǒng wéi běn sàng suī yǒu lǐ ér āi wéi běn shì suī yǒu xué ér xíng wéi běn

战虽有阵①，而勇为本。丧虽有礼，而哀为本。士虽有学，而行为本。

【注释】

①阵：军队作战时的战斗队形。

【译文】

作战时虽然要讲究一些阵法，但勇敢是最根本的。办丧事虽然要讲究一些礼法，但哀伤是最根本的。读书人虽然要讲究学问，但品行是最根本的。

piāo fēng bù kě yǐ tiáo gōng shāng qiǎo fù bù kě yǐ zhǔ

飘风不可以调宫商①，巧妇不可以主

zhōng kuì wén zhāng zhī shì bù kě yǐ zhì guó jiā

中馈②，文章之士不可以治国家。

【注释】

宫、商、角、徵、羽是我国传统五声音阶中五个不同音的名称，分别对应现在音乐简谱的 do、re、mi、so、la。

①飘风：回旋不定的风。古人讲求“候气定律”，依据季节变换来调定与之相配的不同的音律，飘风回旋不定，不能代表季节的变化，所以不可依据它来调定音律。 宫商：古人将宫、商、角、徵、羽列为五音，这里泛指音律。

②巧妇：做事投机取巧的妇人。 中馈：原指家中饮食之事，在此指家中事务。

【译文】

回旋不定的风不是季节更替时的正风，所以不可以依据它来调定音律；投机取巧的妇女不可以让她管理家中事务；只会写文章的文人不可以委以治理国家的重任。

jīng jì chū zì xué wèn jīng jì fāng yǒu běn yuán xīn xìng

经济出自学问①，经济方有本源。心性

jiàn zhī shì gōng xīn xìng fāng wéi yuán mǎn shě shì gōng gèng wú

见之事功②，心性方为圆满。舍事功更无

xué wèn qiú xìng dào bù wài wén zhāng

学问，求性道不外文章。

【注释】

①经济：经世济民，即治理天下，救助百姓。

②心性：心志，性情。此处指对心志和性情的修炼。 事功：建功立业。

【译文】

经世济民之道只有源出于学问，才有它的根本和源泉。修炼心性进而实现建功立业，那么修炼心性才算得上圆满。天下除了建功立业的学问之外便没有其他的学问了，求取修炼心性之道，不外乎是多加研读圣贤的文章。

hé wèi zhì xíng yuē yōng xíng hé wèi dà rén yuē xiǎo xīn hé yǐ shàng dá yuē xià xué hé yǐ yuǎn dào yuē jìn sī

何谓至行①，曰庸行②；何谓大人③，曰小心；何以上达④，曰下学；何以远到，曰近思。

【注释】

① 至行：卓越的品行。

② 庸行：普通的日常行为。

③ 大人：指德行高尚的人。

④ 上达：上进，向上发展。

【译文】

什么叫作卓越的品行呢？即做好日常琐碎之事；什么人能称为德行高尚的人呢？即在日常生活中能够做到小心谨慎，不忘规矩和礼数；怎样才能向上发展，使自己得到提高呢？即不耻下问，虚心向他人学习；怎样才能实现远大的目标呢？即对当下切身的问题能作充分的考虑。

jié zhōng jìn xiào wèi zhī rén zhì guó jīng bāng wèi zhī xué ān wēi dìng biàn wèi zhī cái jīng tiān wěi dì wèi zhī wén jì yuè guāng fēng wèi zhī dù wàn wù yī tǐ wèi zhī rén

竭忠尽孝，谓之人。治国经邦①，谓之学。安危定变，谓之才。经天纬地，谓之文。霁月光风②，谓之度。万物一体，谓之仁。

【注释】

①经：治理。

②霁月：雨后明月。霁，雨雪停止。

【译文】

做到竭尽忠孝，才可以称为人。能够治国安邦，才可以称为有学问。能稳定危局、平定叛乱，才可以称为有才干。写文章包罗万象，能将天地万物收入胸中，才可以称为有文采。内心像雨后明月一样皎洁，举止像清风一样温和、空灵，才可以称得上有风度。将自己和世间万物融为一体，时刻以自己的心去关照世间万物，才称得上是仁。

yǐ xīn shù wéi běn gēn yǐ lún lǐ wéi zhēn gàn yǐ xué wèn wéi zī yú yǐ wén zhāng wéi huā è yǐ shì yè wéi jiē shí yǐ shū shǐ wéi yuán lín yǐ gē yǒng wéi gǔ chuī yǐ yì lǐ wéi gāo liáng yǐ zhù shù wéi wén xiù yǐ sòng dú wéi gēng yún yǐ jì wèn wéi jū jī yǐ qián yán wǎng xíng wéi shī yǒu yǐ zhōng xìn dǔ jìng wéi xiū chí yǐ zuò shàn jiàng xiáng wéi shòu yòng yǐ lè tiān zhī mìng wéi yī guī

以心术为本根，以伦理为桢干①，以学问为菑畬②，以文章为花萼③，以事业为结实，以书史为园林，以歌咏为鼓吹，以义理为膏粱④，以著述为文绣，以诵读为耕耘，以记问为居积，以前言往行为师友，以忠信笃敬为修持，以作善降祥为受用，以乐天知命为依归⑤。

【注释】

①伦理：事物的条理。　桢干：古代筑墙时所用的木柱，立在夹板两端的叫“桢”，竖在两旁的叫“干”。此处指树木的枝干。

②菑畬：此处泛指田地。菑，新开垦的田地；畬，开垦两年以上的田地。

③花萼：花的组成部分之一，由若干萼片组成，包在花朵外面，花开

时托着花冠，简称萼，有时也指花。此处泛指花朵。

④膏粱：肥肉和细米，泛指精细的食物。

⑤乐天知命：旧指乐从天道安排，顺应命运。现引申为安于现状，乐守本分。

【译文】

把方正的内心当作根，把万事万物的条理当作枝干，把学问当作土壤，把文章当作花朵，把事业当作果实，把历代佳作和古今史事当作园林，把歌咏圣贤遗作当作典雅的乐曲，把经书学问当作精美的食物，把著作文章当作华美的衣服，把诵读当作耕耘，把记述和求教当作积累，把先贤的言行当作良师益友，把忠厚恭敬当作修身的标准，把行善获福当作上天的恩赐，把乐天知命当作人生的宗旨。

lǐn xián jū yǐ tǐ dú　bǔ dòng niàn yǐ zhī jī　jǐn
凛闲居以体独①，卜动念以知几②，谨
wēi yí yǐ dìng mìng　dūn dà lún yǐ níng dào　bèi bǎi xíng yǐ
威仪以定命，敦大伦以凝道③，备百行以
kǎo dé　qiān shàn gǎi guò yǐ zuò shèng
考德，迁善改过以作圣。

启功书法“慎独”

体独，即“慎独”，是中庸之道的主要原则之一。《礼记·中庸》有言：“莫见乎隐，莫显乎微。故君子慎其独也。”意思是隐秘的事情，没有不被人发现的；细微的事情，没有不被显露出来的。君子在独处时仍需自律谨慎，片刻都不能离“道”。

【注释】

①凛：严肃。　体独：即“慎独”，是儒家强调的治学、处世精神，要求人们在独自活动、无人监督的情况下，凭借高度的自觉，按照一定的伦理规范行事，不做任何有违道德信念、行为准则之事。

②卜：预料，估计，猜测。 几：事物的端倪，苗头。

③凝道：集道于身，即成为贤者。凝，聚集，集中。

【译文】

一人闲居独处时应当以严肃的态度来躬行先贤“慎独”的教诲，内心若有动念便要有所预估，进而看出事物发生变化的隐微征兆，注意自己的气质和仪表以掌握自己的命运，遵守人伦道德使自己成为贤者，完备自己的各种品行以合乎道德，内心向善并改正自己的过失使自己成为圣贤。

shōu wú běn xīn zài qiāng zi lǐ shì shèng xián dì yī děng xué wèn jìn wú běn fèn zài sù wèi zhōng shì shèng xián dì yī děng gōng fū

收吾本心在腔子里①，是圣贤第一等学问；尽吾本分在素位中②，是圣贤第一等工夫。

【注释】

①本心：指良心。

②本分：自己应尽的责任和义务。 素位：当下自己所在的位置或职位。

【译文】

将良心放入胸中，这便是圣贤最高的学问；在自己的位置上尽到自己的责任和义务，这便是圣贤最高的工夫。

wàn lǐ chéng chè zé yī xīn yù jīng ér yù jǐn yī xīn níng jù zé wàn lǐ yù tōng ér yù liú

万理澄澈，则一心愈精而愈谨；一心凝聚，则万理愈通而愈流。

【译文】

如果万事万物的道理都明白透彻了，那么心思便愈加精细谨严；如果心思能够专注，那么万事万物的道理便愈加通达流畅。

yǔ zhòu nèi shì nǎi jǐ fèn nèi shì jǐ fèn nèi shì nǎi yǔ zhòu nèi shì

宇宙内事，乃己分内事；己分内事，乃宇宙内事。

【译文】

宇宙内千千万万的事都是自己的分内之事；自己的分内之事，就是宇宙内千千万万的事。

shēn zài tiān dì hòu xīn zài tiān dì qián shēn zài wàn wù zhōng xīn zài wàn wù shàng

身在天地后，心在天地前；身在万物中，心在万物上。

【译文】

身体虽然产生在天地之后，而内心的思考已经追溯到了天地产生之前；身体虽然存在于世间万物之中，然而内心的思考却已上升到了天地万物之上，观照着这个世界。

guān tiān dì shēng wù qì xiàng xué shèng xián kè jǐ gōng fū xià shǒu chù shì zì qiáng bù xī chéng jiù chù shì zhì chéng wú xī

观天地生物气象①，学圣贤克己工夫。下手处是自强不息，成就处是至诚无息②。

【注释】

① 气象：境界，景象。

② 至诚：道德修养的最高境界。

【译文】

观察天地万物的景象，学习圣贤克己修身的工夫。从自强不息做起，到达道德修养的最高境界后仍坚持不懈，方为圆满。

yǐ shèng xián zhī dào jiào rén yì　yǐ shèng xián zhī dào zhì jǐ
以圣贤之道教人易，以圣贤之道治己
nán　yǐ shèng xián zhī dào chū kǒu yì　yǐ shèng xián zhī dào gōng
难。以圣贤之道出口易，以圣贤之道躬
xíng nán　yǐ shèng xián zhī dào fèn shǐ yì　yǐ shèng xián zhī dào kè
行难。以圣贤之道奋始易，以圣贤之道克
zhōng nán　shèng xián xué wèn shì yī tào　xíng wáng dào bì běn tiān
终难。圣贤学问是一套，行王道必本天
dé　hòu shì xué wèn shì liǎng jié　bù xiū jǐ zhǐ guǎn zhì rén
德；后世学问是两截，不修己只管治人。

【译文】

用圣贤之道来教育别人很容易，然而用圣贤之道来管理自己却很难。口中讲说圣贤之道很容易，但要亲自践行圣贤之道却很难。从一开始践行圣贤之道并不难，但要自始至终地践行圣贤之道就很难了。圣贤之道是一套完整的学问，就像君主想要推行王道，必须以自己的德行作为根本。后世的学问将这套完整的体系一分为二，只顾着管教别人而不修为自己。

kǒu zhōng yī zhōu　xīn zhōng dào zhí　zé rén ér bù zé
口中伊周①，心中盗跖②，责人而不责
jǐ　míng wéi guà bǎng shèng xián　dú lǐn míng dàn　yōu wèi guǐ
己，名为挂榜圣贤；独凛明旦③，幽畏鬼
shén　zhī rén ér fù zhī tiān　fāng shì yǒu gēn xué wèn
神④，知人而复知天，方是有根学问。

【注释】

① 伊周：伊尹、周公，分别是商、周两朝的开国贤臣。此处指高尚的德行。

② 盗跖：相传为春秋末期的著名盗贼，后代专指强盗。

③ 凛：严肃。　明旦：天亮，指白天。

④ 幽：光线暗，指晚上。

伊尹，辅佐商汤建立商王朝基业的名臣。商汤离世后，他的继任者太甲因荒疏政务被伊尹流放三年，最终太甲幡然悔悟痛改前非，伊尹便将朝政归还给太甲。

周公，姓姬，名旦，文王之子，与周武王是兄弟。武王夺得天下不久便离世了，继任的成王年幼，便由周公辅佐。周公在平定管蔡之乱、制礼作乐后，将朝政归还成王，巩固了西周王朝的统治。

【译文】

嘴里说着伊尹、周公等圣贤的高尚德行，心中却如同盗跖那样的阴险狡诈，只要求别人而不要求自己，这种人就叫“挂榜圣贤”，徒有其名而已；白天独处能够严肃不苟，夜晚能够敬畏鬼神，懂得人事更懂得天道，这才是有根底的学问。

wú gēn běn de qì jié　rú jiǔ hàn ōu rén　zuì shí yǒng
无根本底气节，如酒汉殴人，醉时勇，

xǐng lái tuì xiāo　wú fēn háo qì lì　wú xué wèn de shí jiàn
醒来退消，无分毫气力；无学问底识见，

rú páo rén yáng zào　miàn qián míng　bèi hòu zuǒ yòu　wú yī
如庖人炀灶①，面前明，背后左右，无一

xiē zhào gù
些照顾。

【注释】

① 庖人炀灶：指厨师面对着炉灶。庖人，厨师；炀，烘烤；灶，炉灶。

【译文】

没有根本的气节，就如同醉汉打人，酒醉时很勇敢，酒醒后勇气便消退了，没有一点力气；没有学问的见识，就如同厨师在炉灶前烘烤食物，只看见面前光明而背后左右却注意不到、照顾不全。

lǐ yǐ xīn dé wéi jīng gù dāng chén qián bù rán ěr
理以心得为精，故当沉潜[①]，不然，耳
biān kǒu tóu yě shì yǐ diǎn gù wéi jù gù dāng bó qià
边口头也；事以典故为据，故当博洽[②]，
bù rán yì shuō dù zhuàn yě
不然，臆说杜撰也[③]。

【注释】

① 沉潜：潜心、专注。

② 博洽：广博周遍。

③ 臆说：主观推测的说法。 杜撰：没有根据地编造，虚构。

【译文】

道理要用心领悟才会理解得精当，所以应当潜下心来体会，不然就会流于耳边口头了；事理要以典故为依据，所以应当广博周遍，不然就会流于随意的猜测和无根据的编造了。

zhǐ yǒu yī háo cū shū chù biàn rèn lǐ bù zhēn suǒ yǐ
只有一毫粗疏处，便认理不真，所以
shuō wéi jīng bù rán zhòng lùn xiáo zhī ér bì yí zhǐ yǒu yī
说惟精，不然，众论淆之而必疑；只有一
háo èr sān xīn biàn shǒu lǐ bù dìng suǒ yǐ shuō wéi yī bù
毫二三心，便守理不定，所以说惟一，不
rán lì hài lín zhī ér bì biàn
然，利害临之而必变。

【译文】

哪怕有一丝一毫的疏忽大意，便会对道理认识得不真切，所以说要精益求精，如若不然，面对众说纷纭的混乱局面必然会犹豫不决；哪怕有一丝一毫的三心二意，便不能坚守真理，所以说要坚定专一，如若不然，面对利害权衡时必然会改变原来的立场。

jiē rén yào hé zhōng yǒu jiè　chǔ shì yào jīng zhōng yǒu guǒ
接人要和中有介，处事要精中有果，
rèn lǐ yào zhèng zhōng yǒu tōng
认理要正中有通。

【译文】

对待他人要宽和而不失耿直，处理事情要周密而不失果断，认识道理要严正而不失通达。

zài gǔ rén zhī hòu　yì gǔ rén zhī shī　zé yì　chǔ gǔ
在古人之后，议古人之失，则易；处古
rén zhī wèi　wéi gǔ rén zhī shì　zé nán
人之位，为古人之事，则难。

议论古人的得失，必须要处在古人的位置上去思考。国学大师陈寅恪也提出过相似观点，他认为只有站在古人的角度，设身处地了解古人的学说，才能写出客观公允的中国古代哲学史。

【译文】

生在古人之后，议论古人的功过得失很容易；然而，如果自己处在古人的位置上，去做古人所做的事就会发现很难。

gǔ zhī xué zhě dé yī shàn yán fù yú qí shēn jīn
古之学者，得一善言，附于其身；今
zhī xué zhě dé yī shàn yán wù yǐ yuè rén
之学者，得一善言，务以悦人。

【译文】

古代的学者得到一句有益的话，就会放到自己身上，将它付诸实践；现在的学者得到一句有益的话，却竭力用它来取悦他人。

gǔ zhī jūn zǐ bìng qí wú néng yě xué zhī jīn zhī
古之君子，病其无能也①，学之；今之
jūn zǐ chǐ qí wú néng yě huì zhī
君子，耻其无能也，讳之②。

【注释】

①病：担忧，担心。

②讳：回避，忌讳，有顾忌不敢说或不愿意说。

【译文】

古代的君子，担心因自己无能而遭到他人耻笑，所以努力学习；现在的君子，羞于因自己无能而遭到他人耻笑，所以常常掩饰、回避。

yǎn jiè yào kuò biàn lì míng shān dà chuān dù liàng yào
眼界要阔，遍历名山大川；度量要
hóng shú dú wǔ jīng zhū shǐ
宏，熟读五经诸史①。

【注释】

①五经：《诗经》《尚书》《礼记》《周易》《春秋》五部儒家经典合称“五经”。

【译文】

要想眼界开阔，就要广泛游历各地名山大川；要想度量宏大，就要熟读儒家经典和历代史书。

xiān dú jīng hòu dú shǐ zé lùn shì bù miù yú shèng xián jì dú shǐ fù dú jīng zé guān shū bù tú wéi zhāng jù

先读经，后读史，则论事不谬于圣贤；既读史，复读经，则观书不徒为章句[1]。

【注释】

① 章句：古诗文的章节和句子。

【译文】

先读经书后读史书，那么讨论事情就不会与圣贤的观点相违背；读过了史书再来读经书，那么看书就不会只停留在章节句子的层面了。

dú jīng zhuàn zé gēn dǐ hòu kàn shǐ jiàn zé yì lùn wěi guān yún wù zé yǎn jiè kuān qù shì yù zé xiōng huái jìng

读经传则根底厚，看史鉴则议论伟；观云物则眼界宽[1]，去嗜欲则胸怀净[2]。

【注释】

① 云物：景色，景物。

② 嗜欲：嗜好、欲望。

【译文】

读圣贤经传，学问才会根底扎实；看史书评议，议论才会精辟奇伟；饱览山川美景，眼界才会开阔；戒除不良嗜好和欲望，胸怀才能明净澄澈。

yī tíng zhī nèi zì yǒu zhì lè liù jīng yǐ wài bié wú qí shū

一庭之内，自有至乐；六经以外[1]，别无奇书。

【注释】

①六经：指《诗经》《尚书》《礼记》《乐经》《周易》《春秋》六部儒家经典。

【译文】

家中庭院之内，总有些事物会带给人莫大的快乐；而儒家六经之外，却没有什么值得称道的书了。

dú wèi jiàn shū, rú dé liáng yǒu; jiàn yǐ dú shū, rú féng gù rén

读未见书，如得良友；见已读书，如逢故人。

【译文】

读没有看过的书，就好像得到一位益友；重读已看过的书，就好像遇到了老朋友。

hé sī hé lǜ, jū xīn dāng rú zhǐ shuǐ; wù zhù wù wàng, wéi xué dāng rú liú shuǐ

何思何虑，居心当如止水；勿助勿忘①，为学当如流水。

【注释】

①勿助勿忘：指学习既不要揠苗助长，过于求成，也不要不求上进，荒废学业。助，增加。

【译文】

何须过多地思考、忧虑呢？心应当如止水一般平静；不要揠苗助长、过于求成，也不要不求上进、荒废学业，学习当如流水一般持续不断。

xīn bù yù zá, zá zé shén dàng ér bù shōu; xīn bù yù láo, láo zé shén pí ér bù rù

心不欲杂，杂则神荡而不收；心不欲劳，劳则神疲而不入。

【译文】

心不要杂乱，内心杂乱就会心神涣散而不能集中精力；心不要劳累，内心劳累就会精神疲惫而不能有所收获。

xīn shèn zá yù zé yǒu yú líng mù shèn zá guān zé yǒu yú míng
心慎杂欲，则有余灵；目慎杂观，则有余明。

【译文】

内心慎防杂念，使心思保持专一，思维才能更加敏捷；眼睛慎防到处乱看，使眼睛得到休息，目光才能更加敏锐。

àn shàng bù kě duō shū xīn zhōng bù kě shǎo shū yú lí shuǐ zé lín kū xīn lí shū zé shén suǒ
案上不可多书，心中不可少书；鱼离水则鳞枯，心离书则神索①。

【注释】

①索：尽，无。

【译文】

案桌上的书不宜太多，心中的书却不能太少；鱼离开了水，鳞就会干枯，心离开了书，精神便没了寄托。

zhì zhī suǒ qū wú yuǎn wù jiè qióng shān jù hǎi bù néng xiàn yě zhì zhī suǒ xiàng wú jiān bù rù ruì bīng jīng jiǎ bù néng yù yě
志之所趋，无远勿届①，穷山距海不能限也；志之所向，无坚不入，锐兵精甲不能御也②。

【注释】

①届：到。

②锐兵精甲：代指强大的军队。锐兵，锋利的兵器；精甲，坚实的

盔甲。

【译文】

只要追求远大的志向，就没有到不了的境地，即便高山大海也无法阻挡；只要追求远大的志向，任何困难都无法阻拦，即便强大的军队也无法阻挡。

bǎ yì niàn chén qián de xià hé lǐ bù kě dé bǎ zhì
把意念沉潜得下，何理不可得；把志
qì fèn fā de qǐ hé shì bù kě zuò
气奋发得起，何事不可做。

【译文】

只要能把心思沉潜下来，没有什么事理会弄不明白；只要能把志气激发起来，没有什么事情会做不好。

bù xū xīn biàn rú yǐ shuǐ wò shí yī háo bù dé jìn rù
不虚心，便如以水沃石①，一毫不得进入；
bù kāi wù biàn rú jiāo zhù gǔ sè yī háo zhuàn dòng bù dé
不开悟，便如胶柱鼓瑟②，一毫转动不得。

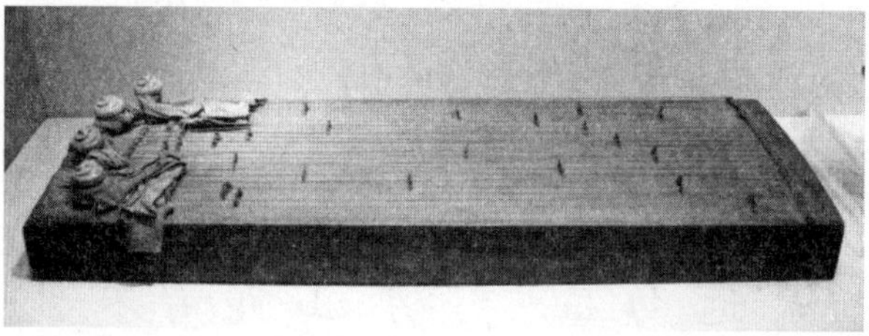

二十五弦瑟，出土于湖南长沙马王堆汉墓。

【注释】

① 沃：浇，灌。

② 胶柱鼓瑟：比喻固执拘泥，不知变通。柱，瑟上调弦的短木。如果用胶粘住弦柱就不能调节音的高低。

【译文】

求学不虚心，便像用水浇石头一样，一点也进不去；不用心领悟，便像瑟的弦柱被胶粘住了一样，一毫都无法转动。

bù tǐ rèn biàn rú diàn guāng zhào wù yī háo bǎ zhuō
不体认[1]，便如电光照物，一毫把捉
bù dé bù gōng xíng biàn rú shuǐ xíng dé chē lù xíng dé
不得；不躬行，便如水行得车，陆行得
zhōu yī háo shòu yòng bù dé
舟，一毫受用不得。

【注释】

①体认：体察，认识。

【译文】

求学不用心去体察认识，便像闪电照过万物，一点也没掌握得到；不亲自实践，便像走水路却要用车，走旱路却要用船，一点作用都起不了。

dú shū guì néng yí yí nǎi kě yǐ qǐ xìn dú shū zài yǒu
读书贵能疑，疑乃可以启信；读书在有
jiàn jiàn nǎi kè dǐ yǒu chéng
渐，渐乃克底有成。

【译文】

读书贵在有怀疑精神，有怀疑才可以引导人们了解真知；读书要循序渐进，能循序渐进才能坚持到底有所成就。

kàn shū qiú lǐ xū lìng zì jiā xiōng zhōng diǎn tóu yǔ rén
看书求理，须令自家胸中点头；与人
tán lǐ xū lìng rén jiā xiōng zhōng diǎn tóu
谈理，须令人家胸中点头。

【译文】

读书学习求取道理，应当得到自己内心的认可；和别人谈论道理，应当得到别人内心的认可。

ài xī jīng shén liú tā rì dān dāng yǔ zhòu cuō tuó suì yuè
爱惜精神，留他日担当宇宙；蹉跎岁月，
wèn hé shí bào dá jūn qīn jiè hào yǐn hào yǐn shāng shén jiè tān
问何时报答君亲。戒浩饮，浩饮伤神。戒贪

sè　tān sè miè shén　jiè hòu wèi　hòu wèi hūn shén　jiè bǎo shí
色，贪色灭神。戒厚味，厚味昏神。戒饱食，
bǎo shí mēn shén　jiè duō dòng　duō dòng luàn shén　jiè duō yán　duō
饱食闷神。戒多动，多动乱神。戒多言，多
yán sǔn shén　jiè duō yōu　duō yōu yù shén　jiè duō sī　duō sī náo
言损神。戒多忧，多忧郁神。戒多思，多思挠
shén　jiè jiǔ shuì　jiǔ shuì juàn shén　jiè jiǔ dú　jiǔ dú kǔ shén
神。戒久睡，久睡倦神。戒久读，久读苦神。

【译文】

要爱惜自己的精神，留待将来担当天下大任；虚度光阴，试问何时才能报答君王和父母！戒酗酒，酗酒损伤神志。戒好色，好色销蚀神志。戒美味，美味使人神志迟钝。戒饱食，饱食使人神志昏沉欲睡。戒多动，多动使人神志混乱。戒多言，多言损耗神志。戒多忧，多忧使人神志郁结。戒多思，多思使人神志扰乱不宁。戒久睡，久睡使人神志倦怠。戒久读，久读使人神志劳顿。

存养类

【题解】

本章主要讲的是“存心养性”的问题。所谓“存心养性”即修养心性，编者认为人性本善，教导大家要好好保有上天赋予的善良本心，要细心养护上天赋予的善良本性。一切美好的品行都蕴含在这本心、本性之中。“存心养性”一方面要努力发挥本心和本性，另一方面要努力克制各种情感和欲望。对喜怒哀乐等情感要做到有所节制，对不良欲望不仅要加以克制，更要努力去除。在修养心性的过程中也要遵循循序渐进的原则，不可急于求成，重要的是能够持之以恒、坚持终身。真正高尚的品格都是在漫长的点滴积累中养成的。修养身心应当达到的境界是心气平和、内心宁静、胸怀宽广，在生活中严于律己，成熟稳重，待人和善，处事有方。

xìng fèn bù kě shǐ bù zú gù qí qǔ shù yě yí duō
性分不可使不足①，故其取数也宜多：
yuē qióng lǐ yuē jìn xìng yuē dá tiān yuē rù shén yuē zhì
曰穷理，曰尽性，曰达天，曰入神，曰致
guǎng dà jí gāo míng qíng yù bù kě shǐ yǒu yú gù qí
广大，极高明；情欲不可使有余，故其
qǔ shù yě yí shǎo yuē jǐn yán yuē shèn xíng yuē yuē jǐ
取数也宜少：曰谨言，曰慎行，曰约己，
yuē qīng xīn yuē jié yǐn shí guǎ shì yù
曰清心，曰节饮食，寡嗜欲。

【注释】

① 性分：天性，本性。

【译文】

对人天性的培养不可以不充分，所以讲究的地方也应当很多，包括：穷极天下万事之理，究尽世间万物所禀之性，发现天地运化的规律，探查自然内在的神奇，达到胸怀宽广、气象博大、目光高远、思维明睿的境界。情感欲望不可以太多，所以应当减少些，包括：说话谨慎，行事小心，约束自己，清净内心，节制饮食，戒除不良嗜好。

dà qí xīn róng tiān xià zhī wù xū qí xīn shòu tiān xià
大其心，容天下之物；虚其心，受天下
zhī shàn píng qí xīn lùn tiān xià zhī shì qián qí xīn guān
之善；平其心，论天下之事；潜其心，观
tiān xià zhī lǐ dìng qí xīn yìng tiān xià zhī biàn
天下之理；定其心，应天下之变。

【译文】

使内心阔大，方能容纳天下万物；使内心谦虚，方能接受天下美德；使内心平和，方能纵论天下大事；使内心专注，方能观览世间道理；使内心安定，方能应对世事变幻。

qīng míng yǐ yǎng wú zhī shén zhàn yī yǐ yǎng wú zhī lǜ
清明以养吾之神，湛一以养吾之虑①，
chén jǐng yǐ yǎng wú zhī shí gāng dà yǐ yǎng wú zhī qì guǒ duàn yǐ
沉警以养吾之识，刚大以养吾之气，果断以
yǎng wú zhī cái níng zhòng yǐ yǎng wú zhī dù kuān yù yǐ yǎng wú zhī
养吾之才，凝重以养吾之度，宽裕以养吾之
liàng yán lěng yǐ yǎng wú zhī cāo
量，严冷以养吾之操。

【注释】

① 湛一：沉静专一。

【译文】

清净明澈，方能培养心神。沉静专一，方能培养思虑。沉稳机警，方能培养胆识。刚正宽宏，方能培养气质。果敢决断，方能培养才干。深沉庄重，方能培养风度。宽广豁达，方能培养度量。严正肃穆，方能培养操守。

zì jiā yǒu hǎo chù yào yǎn cáng jǐ fēn zhè shì hán yù yǐ
自家有好处，要掩藏几分，这是涵育以
yǎng shēn bié rén bù hǎo chù yào yǎn cáng jǐ fēn zhè shì hún
养深；别人不好处，要掩藏几分，这是浑

hòu yǐ yǎng dà
厚以养大。

陕西扶风的马援墓

马援，东汉开国名将，其所著《诫兄子严敦书》中便有“吾欲汝曹闻人过失，如闻父母之名，耳可得闻，口不可得言也”之言。意在告诫家中子弟做人应当宽厚，不要去打探、更不要去评论他人的过错。

【译文】

自己有优点要隐藏一些，这是通过涵养化育来培养自己的深度；别人有缺点要掩饰一些，这是通过为人敦厚来培养自己的大度。

yǐ xū yǎng xīn yǐ dé yǎng shēn yǐ rén yǎng tiān xià wàn wù yǐ dào yǎng tiān xià wàn shì
以虚养心，以德养身；以仁养天下万物，以道养天下万世。

【译文】

用谦虚培养自己的内心，用道德约束自己的行为；用仁爱关照天下万物，用至理大道感召世间万代。

hán yǎng chōng xū biàn shì shēn shì xué wèn shěng chú fán nǎo hé děng xīn xìng ān hé
涵养冲虚①，便是身世学问；省除烦恼，何等心性安和②！

【注释】

①冲虚：恬淡宁静。

②心性：此处指内心。

【译文】

修养内心使之恬淡宁静，这便是修身处世的学问；排除烦恼，内心是多么安静平和。

yán zǐ sì wù yào shōu rù lái xián cún gōng fū zhì
颜子四勿①，要收入来，闲存工夫，制
wài yǐ yǎng zhōng yě mèng zǐ sì duān yào kuò chōng qù
外以养中也；孟子四端②，要扩充去，
gé zhì gōng fū tuī jìn yǐ jì yuǎn yě
格致工夫③，推近以暨远也④。

民间泥塑“不听，不说，不看”小人图

【注释】

①颜子四勿：即非礼勿视，非礼勿听，非礼勿言，非礼勿动。颜子，即颜渊，孔子门生，春秋时期鲁国人。

②孟子四端：即仁、义、礼、智。

③格致：即“格物致知”，考察事物的原理法则，进而总结为理性知识。

④暨远：及远。暨，及。

【译文】

颜子“四勿”要牢记心中，闲暇时通过抵制外界不良影响来修养自己的内心；孟子的“四端”要扩展发扬，要由近及远地推理考察事物，进而得到理性知识。

xǐ nù āi lè ér yuē wèi fā shì cóng rén xīn zhí sù dào xīn yào tā cún yǎng wèi fā ér yuē xǐ nù āi lè shì cóng dào xīn zhǐ chū rén xīn yào tā xǐng chá

喜怒哀乐而曰未发，是从人心直溯道心①，要他存养②；未发而曰喜怒哀乐，是从道心指出人心，要他省察③。

【注释】

① 溯：追求根源。

② 存养：存心养性，即对内心和人性的修为。

③ 省察：反省检查自己。

【译文】

虽有喜怒哀乐之情但并不表现出来，这是从人之本性追溯到道德修为之性的结果，需要人们保存并且继续修养；虽然没有表现出来却怀有喜怒哀乐之情，这是从道德之性指向人之本性，需要人们自我反省。

cún yǎng yí chōng cuì jìn chūn wēn xǐng chá yí jǐn yán jìn qiū sù

存养宜冲粹①，近春温；省察宜谨严，近秋肃。

【注释】

① 冲粹：中和纯正。

【译文】

存心养性要中和纯正，像春天一样温暖和润；自我反省要谨慎严格，像秋天一样严正肃穆。

jiù xìng qíng shàng lǐ huì zé yuē hán yǎng jiù niàn lǜ
就性情上理会[1]，则曰涵养。就念虑

shàng tí sī zé yuē xǐng chá jiù qì zhì shàng xiāo róng
上提撕[2]，则曰省察。就气质上销熔[3]，

zé yuē kè zhì
则曰克治。

【注释】

① 理会：注意，在意。

② 提撕：指正，提醒。

③ 销熔：熔解，熔化，此处有改变、改善的意思。

【译文】

注意性情上的问题，就要修身养性。指正思虑上的疏漏，就要反省检查自身。使气质有所改善，就要对不合适的情感有所克制。

guǒ jué rén sì máng xīn zhōng cháng yǒu yú xián yīn xún
果决人似忙，心中常有余闲；因循

rén sì xián xīn zhōng cháng yǒu yú máng
人似闲[1]，心中常有余忙。

【注释】

① 因循：此处指迟延拖拉。

【译文】

处事果断坚决的人看上去好像很忙，其实心中常常闲适；迟延拖拉的人看上去好像很闲适，其实心中常常忙乱。

guǎ yù gù jìng yǒu zhǔ zé xū
寡欲故静，有主则虚。

【译文】

欲望少所以能够内心清静，有主见所以能够为人谦虚。

wú yù zhī wèi shèng guǎ yù zhī wèi xián duō yù zhī wèi fán xùn yù zhī wèi kuáng
无欲之谓圣，寡欲之谓贤，多欲之谓凡，徇欲之谓狂[1]。

【注释】

① 徇欲：纵欲。徇，曲从，顺从。

【译文】

没有欲念的人可以称为圣人，欲念很少的人可以称为贤人，欲念多的人可称为凡人，纵欲的人可称为狂人。

rén zhī xīn xiōng duō yù zé zhǎi guǎ yù zé kuān rén zhī xīn jìng duō yù zé máng guǎ yù zé xián rén zhī xīn shù duō yù zé xiǎn guǎ yù zé píng rén zhī xīn shì duō yù zé yōu guǎ yù zé lè rén zhī xīn qì duō yù zé něi guǎ yù zé gāng
人之心胸，多欲则窄，寡欲则宽。人之心境，多欲则忙，寡欲则闲。人之心术，多欲则险，寡欲则平。人之心事，多欲则忧，寡欲则乐。人之心气[1]，多欲则馁[2]，寡欲则刚。

1992 年中国邮政发行的诸葛亮舌战群儒的纪念邮票

诸葛亮曾在《诫子书》中告诫儿子"非淡泊无以明志，非宁静无以致远"，唯有恬淡寡欲、静默从容，方能有更深远的境界，后来这句格言也成为千古士人修身教子的名言佳句。

【注释】

① 心气：此处指人的精神状态。

②馁：泄气，丧气。

【译文】

人的心胸，欲念多则狭窄，欲念少则宽广。人的心境，欲念多则忙乱，欲念少则闲适。人的心术，欲念多则阴险，欲念少则平和。人的心情，欲念多则忧愁，欲念少则快乐。人的精神状态，欲念多则灰心丧气，欲念少则果敢刚强。

yí jìng mò　yí cóng róng　yí jǐn yán　yí jiǎn yuē　sì zhě qiè jǐ liáng zhēn　jì duō yù　jì wàng dòng　jì zuò chí　jì páng wù　sì zhě qiè jǐ dà bìng　cháng cāo cháng cún　dé yī héng zì jué　wù wàng wù zhù　dé yī jiàn zì jué

宜静默，宜从容，宜谨严，宜俭约，四者切己良箴①。忌多欲，忌妄动，忌坐驰②，忌旁骛③，四者切己大病。常操常存，得一恒字诀；勿忘勿助，得一渐字诀。

【注释】

①切己：与自身密切相关。　箴：劝诫之言。

②坐驰：身体没有行动，心中却杂念不息。

③旁骛：指心中有其他的追求，不能集中精力。旁，另外的。骛，追求。

【译文】

应当安静沉默、从容不迫、谨慎严肃、俭朴节约，这四者都是与自身密切相关的良言。切忌欲念繁多、妄自行动、杂念不息、心神不专，这四者都是与自身密切相关的大毛病。好的原则要长久地坚持，以此来体味“恒”字的诀窍；在坚持的过程中既不能懈怠也不要冒进，以此来体味“渐”字的诀窍。

jìng shǒu cǐ xīn　zé xīn dìng　liǎn yì qí qì　zé qì píng

敬守此心，则心定；敛抑其气①，则气平。

【注释】

①敛抑：收敛，抑制。

【译文】

恭敬谨慎地坚守人之本心，则内心安定；收敛抑制虚妄浮躁之气，则心平气和。

rén xìng zhōng bù céng quē yī wù rén xìng shàng bù kě tiān yī wù
人性中不曾缺一物，人性上不可添一物。

【译文】

人的本性中本来就不曾缺少什么东西，因此人的本性中便不可再添加什么东西。

jūn zǐ zhī xīn bù shèng qí xiǎo ér qì liàng hán gài yī shì
君子之心不胜其小，而气量涵盖一世；
xiǎo rén zhī xīn bù shèng qí dà ér zhì yì jū shǒu yī yú
小人之心不胜其大，而志意拘守一隅①。

《孔子圣迹图》之四子侍坐

《论语·述而》篇中记载了孔子对君子和小人的评价“君子坦荡荡，小人常戚戚”，意在说明君子当心胸宽广包容天下，自然心气平和、性情和善；而看似同样目标远大的小人，却往往拘泥于各种琐碎的小事而使自身心胸狭窄，所以总是一副愁苦的表情。

【注释】

① 一隅：一个角落，有狭小之意。

【译文】

君子的心思可以很小，但气量涵盖天地；小人的心思可以很大，但思想境界却狭小得很。

nù shì měng hǔ，yù shì shēn yuān。
怒是猛虎，欲是深渊。

林则徐书法“制怒”

林则徐，清代改革家、思想家。他知道自己性情刚烈暴躁，特书“制怒”匾额一块悬于中堂用以鞭策自己。

【译文】

愤怒好比猛虎，欲望如同深渊。

fèn rú huǒ，bù è zé liáo yuán；yù rú shuǐ，bù è zé tāo tiān。
忿如火，不遏则燎原；欲如水，不遏则滔天。

【译文】

愤怒好比烈火，不加遏制便会形成燎原之势；欲望恰似洪水，不加遏制便会泛滥滔天。

chéng fèn rú cuī shān，zhì yù rú tián hè；chéng fèn rú jiù huǒ，zhì yù rú fáng shuǐ。
惩忿如摧山，窒欲如填壑；惩忿如救火，窒欲如防水。

【译文】

控制愤怒如同摧毁高山，遏制欲望好比填平沟壑；控制愤怒像救火，遏制欲望似防洪。

xīn yī sōng sǎn wàn shì bù kě shōu shí xīn yī shū hū
心一松散，万事不可收拾。心一疏忽，
wàn shì bù rù ěr mù xīn yī zhí zhuó wàn shì bù dé zì rán
万事不入耳目。心一执著，万事不得自然。

【译文】

心一旦松懈，什么事都做不好。心一旦疏忽，什么事都注意不到。心一旦偏执，什么事都会受到干预而不能自然发展。

yī niàn shū hū shì cuò qǐ tóu yī niàn jué liè shì
一念疏忽，是错起头；一念决裂，是
cuò dào dǐ
错到底。

【译文】

思想上的一点小疏忽，便是错误的开始；思想上的重大偏差，便是错误到底。

gǔ zhī xué zhě zài xīn shàng zuò gōng fū gù fā zhī róng
古之学者，在心上做工夫，故发之容
mào zé wéi shèng dé zhī fú jīn zhī xué zhě zài róng mào
貌，则为盛德之符；今之学者，在容貌
shàng zuò gōng fū gù fǎn zhī yú xīn zé wéi shí dé zhī bìng
上做工夫，故反之于心，则为实德之病。

【译文】

古时的学者，在内心的修养上下功夫，所以外化到容貌仪表上，这种由内而外的影响是德行高尚的印证；当今的学者，只在容貌仪表上下功夫，所以反观他们的内心，这种外表和内心的差距实是道德修养的弊病。

chǔ nì jìng xīn xū yòng kāi tuò fǎ chǔ shùn jìng xīn
处逆境心，须用开拓法；处顺境心，
yào yòng shōu liǎn fǎ
要用收敛法。

【译文】

当处于逆境时的心态，要用开拓纾解的方法；当处于顺境时的心态，要用收敛抑制的方法。

shì lù fēng shuāng wú rén liàn xīn zhī jìng yě mín qíng
世路风霜，吾人炼心之境也。民情
lěng nuǎn wú rén rěn xìng zhī dì yě shì shì diān dǎo
冷暖，吾人忍性之地也。世事颠倒①，
wú rén xiū xíng zhī zī yě
吾人修行之资也。

【注释】

① 颠倒：命运不佳。

【译文】

世间风霜雨雪，我用来修炼内心。世俗人情冷暖，我用以坚忍性情。世事颠倒不平，我用来修养德行。

qīng tiān bái rì de jié yì zì àn shì wū lòu zhōng péi lái
青天白日的节义，自暗室屋漏中培来①；
xuán qián zhuǎn kūn de jīng lún zì lín shēn lǚ bó chù dé lì
旋乾转坤的经纶②，自临深履薄处得力③。

【注释】

① 暗室屋漏：指室内幽深之处，人看不见的地方。

② 经纶：指治理国家的抱负和才能。

③ 临深履薄：临深渊，履薄冰，即面临危险境地时的小心谨慎。履，行走。

【译文】

朗朗乾坤人所共见的节操道义，是在室内人所不见之处培养得来的；治理国家的伟大抱负和才干，皆受益于处事的谨慎小心。

míng yù zì qū rǔ zhōng zhāng dé liàng zì yǐn rěn zhōng dà
名誉自屈辱中彰，德量自隐忍中大。

【译文】

名望和声誉是在忍受屈辱中得到彰显的，德行和度量是在克制隐忍时得到扩大的。

安徽桐城的六尺巷

清朝有位宰相叫张英，邻居吴家翻修老墙时越界侵占了张家的空地，张英不与之相争，让出三尺，吴家感激张家的大度也让三尺，于是就有了这传为美谈的“六尺仁义巷”。

qiān tuì shì bǎo shēn dì yī fǎ ān xiáng shì chǔ shì dì yī fǎ hán róng shì dài rén dì yī fǎ sǎ tuō shì yǎng xīn dì yī fǎ

谦退是保身第一法，安详是处事第一法，涵容是待人第一法①，洒脱是养心第一法。

【注释】

① 涵容：包容，宽容。

【译文】

谦虚退让是保全自身的首要方法，从容稳重是为人处世的最好准则，包涵容忍是待人接物的首要方法，自由不拘是修养身心的最好方法。

xǐ lái shí yī jiǎn diǎn nù lái shí yī jiǎn diǎn dài duò shí yī jiǎn diǎn fàng sì shí yī jiǎn diǎn

喜来时，一检点①。怒来时，一检点。怠惰时，一检点。放肆时，一检点。

【注释】

① 检点：言行谨慎。

【译文】

喜出望外时，应当谨慎自己的言行。怒不可遏时，应当注意自己的举止。懒散怠惰时，应当反思自己的作为。放纵任性时，应当控制自己的内心。

zì chǔ chāo rán　chǔ rén ǎi rán　wú shì chéng rán　yǒu shì zhǎn rán　dé yì dàn rán　shī yì tài rán

自处超然，处人蔼然；无事澄然，有事斩然；得意淡然，失意泰然[①]。

【注释】

① 泰然：安然，不以为意，形容心神安定。

【译文】

独处时超然脱俗，与人相处时和气友善；闲来无事时心无杂念，处理事情时干脆果断；春风得意时并不在意，失意落魄时仍心神宁静。

jìng néng zhì dòng　chén néng zhì fú　kuān néng zhì biǎn　huǎn néng zhì jí

静能制动，沉能制浮，宽能制褊[①]，缓能制急。

【注释】

① 褊：狭小，狭隘。

【译文】

平静能够克制躁动，沉稳能够克制浮躁，宽容能够克制心胸狭隘，舒缓能够克制脾气急躁。

tiān dì jiān zhēn zī wèi　wéi jìng zhě néng cháng de chū　tiān dì jiān zhēn jī kuò　wéi jìng zhě néng kàn de tòu

天地间真滋味，惟静者能尝得出；天地间真机括[①]，惟静者能看得透。

【注释】

① 机括：弩上发矢的机件，引申为事物的关键。

【译文】

天地间万事万物的真正奥秘，唯有内心平静的人方能体悟得到；天地间万事万物的真正关键，唯有内心平静的人方能看得透彻。

yǒu cái ér xìng huǎn dìng shǔ dà cái yǒu zhì ér qì hé
有才而性缓，定属大才；有智而气和，
sī wéi dà zhì
斯为大智。

【译文】

有才能并且心性舒缓，这样的人必定有大才华；聪明并且心气平和，这样的人才有大智慧。

qì jì shèng xīn jì mǎn cái jì lù
气忌盛，心忌满，才忌露。

【译文】

意气切忌过盛，内心切忌自满，才华切忌炫耀。

yǒu zuò yòng zhě qì yǔ dìng shì bù fán yǒu zhì
有作用者①，器宇定是不凡②；有智
huì zhě cái qíng jué rán bù lù
慧者，才情决然不露③。

【注释】

①作用：作为。

②器宇：度量，胸怀。

③才情：才思，才华。

【译文】

有作为的人，其度量胸怀肯定不同于普通人；有智慧的人，其才思才华必定不会张扬外露。

yì cū xìng zào yī shì wú chéng xīn píng qì hé qiān
意粗性躁，一事无成；心平气和，千
xiáng pián jí
祥骈集①。

【注释】

① 骈集：不断地聚积。

【译文】

粗心大意、性情急躁的人，终究一事无成；内心平静、性情和顺的人，好事好运都会汇集到他的身上。

shì sú fán nǎo chù yào nài de xià shì shì fēn rǎo chù yào
世俗烦恼处，要耐得下。世事纷扰处，要
xián de xià xiōng huái qiān chán chù yào gē de xià jìng dì nóng
闲得下。胸怀牵缠处，要割得下。境地浓
yàn chù yào dàn de xià yì qì fèn nù chù yào jiàng de xià
艳处，要淡得下。意气忿怒处，要降得下。

【译文】

面对世间尘俗的烦恼，要耐得住性子。面对世间琐事的纷扰，要闲得下心思。心中有放不下的牵挂时，要学会割舍。身处美色之中，要淡泊处之。怒不可遏时，要学会平息怒气。

yǐ hé qì yíng rén zé guāi lì miè yǐ zhèng qì jiē
以和气迎人，则乖沴灭①。以正气接
wù zé yāo fēn xiāo yǐ hào qì lín shì zé yí wèi shì
物，则妖氛消②。以浩气临事，则疑畏释。
yǐ jìng qì yǎng shēn zé mèng mèi tián
以静气养身，则梦寐恬。

【注释】

① 乖沴：不和之气，邪气。

② 妖氛：不祥的云气，多比喻凶灾、祸乱。

【译文】

以和顺之气待人，不和睦的事情便不会发生。以刚正之气与人交往，灾祸便会被消除。以浩然之气处理事情，疑虑和畏惧便会消散。以平静之气修养身心，便会梦稳心安。

guān cāo cún zài lì hài shí guān jīng lì zài jī pí shí
观操存[1]，在厉害时。观精力，在饥疲时。
guān dù liàng zài xǐ nù shí guān zhèn dìng zài zhèn jīng shí
观度量，在喜怒时。观镇定，在震惊时。

【注释】

①操存：操守，心志。

【译文】

观察一个人操守如何，要在他身处危难的时候。考量一个人精力好坏，要在他饥饿疲惫的时候。评价一个人度量大小，要在他高兴或愤怒的时候。判断一个人镇定与否，要在他震动、惊惧的时候。

dà shì nán shì kàn dān dāng nì jìng shùn jìng kàn jīn dù lín
大事难事看担当，逆境顺境看襟度，临
xǐ lín nù kàn hán yǎng qún háng qún zhǐ kàn shí jiàn
喜临怒看涵养[1]，群行群止看识见[2]。

【注释】

①涵养：修养。

②识见：见解，见识。

【译文】

面临大事难事时，可以看出一个人是否敢于承担责任。身处逆境或顺境时，可以看出一个人是否具有广博的胸襟。当一个人高兴或愤怒时，可以看出一个人是否有良好的修养。与众人在一起时，可以看出一个人是否有高超的见识。

qīng dāng jiǎo zhī yǐ zhòng fú dāng jiǎo zhī yǐ shí biǎn dāng
轻当矫之以重，浮当矫之以实，褊当
jiǎo zhī yǐ kuān zhí dāng jiǎo zhī yǐ yuán ào dāng jiǎo zhī yǐ
矫之以宽，执当矫之以圆，傲当矫之以
qiān shē dāng jiǎo zhī yǐ jiǎn rěn dāng jiǎo zhī yǐ cí tān dāng
谦，奢当矫之以俭，忍当矫之以慈，贪当
jiǎo zhī yǐ lián sī dāng jiǎo zhī yǐ gōng fàng yán dāng jiǎo zhī yǐ
矫之以廉，私当矫之以公。放言当矫之以
jiān mò hào dòng dāng jiǎo zhī yǐ zhèn jìng cū shuài dāng jiǎo zhī yǐ
缄默，好动当矫之以镇静，粗率当矫之以
xì mì zào jí dāng jiǎo zhī yǐ hé huǎn dài duò dāng jiǎo zhī yǐ
细密，躁急当矫之以和缓，怠惰当矫之以
jīng qín gāng bào dāng jiǎo zhī yǐ wēn róu qiǎn lù dāng jiǎo zhī yǐ
精勤，刚暴当矫之以温柔，浅露当矫之以
chén qián xī kè dāng jiǎo zhī yǐ hún hòu
沉潜，溪刻当矫之以浑厚[1]。

【注释】

①溪刻：指刻薄，苛刻。　浑厚：朴实，敦厚。

【译文】

轻浮应当用稳重来矫正，浮躁应当用踏实来矫正，狭隘应当用宽容来矫正，固执应当用圆融来矫正，傲慢应当用谦逊来矫正，奢侈应当用俭朴来矫正，残忍应当用仁慈来矫正，贪婪应当用廉洁来矫正，谋私应当用为公来矫正。言语放纵应当用沉默少言来矫正，好动不安应当用稳重平静来矫正，粗心大意应当用心思细密来矫正，躁动急切应当用和顺舒缓来矫正，懈怠懒惰应当用专心勤勉来矫正，刚强暴虐应当用温和柔顺来矫正，浅薄直率应当用沉静潜心来矫正，刻薄苛刻应当用朴实敦厚来矫正。

持躬类

【题解】

本章主要讲的是具体的律己修身方法。此处的“律己”讲了两重意思，既针对个人讲了如何严格约束自己，又针对家庭讲了如何管理家中事务。本章更加强调了内心修为的重要，从所占的篇幅来看，内心修为也是全书的重点。编者认为，严格约束自己就是在修养身心的基础上追求一种中和的境界，即享受生活顺境时要预见到将会面对的逆境，承受生活逆境时坚信会迎来顺境。个人荣辱、家族兴衰都是这个道理。其次，在应对外物时不仅要树立高尚的道德节操，更要时刻小心谨慎，处处宽和待人。此外，在日常与人的交往中，编者再次提醒人们最重要的是培养高尚的道德，使内心纯净无杂念。

cōng míng ruì zhì shǒu zhī yǐ yú gōng bèi tiān xià
聪明睿知，守之以愚。功被天下，
shǒu zhī yǐ ràng yǒng lì zhèn shì shǒu zhī yǐ qiè fù yǒu
守之以让。勇力振世，守之以怯。富有
sì hǎi shǒu zhī yǐ qiān
四海，守之以谦。

【译文】

聪明睿智的人，应当以敦厚朴实来保全自己。功劳盖世的人，应当以谦逊退让来保全自己。勇猛有力的人，应当以谨慎小心来保全自己。极其富有的人，应当以谦卑不自满来保全自己。

bù yǔ jū jī rén zhēng fù bù yǔ jìn qǔ rén zhēng guì
不与居积人争富，不与进取人争贵①，
bù yǔ jīn shì rén zhēng míng bù yǔ nián shào rén zhēng yīng jùn
不与矜饰人争名②，不与年少人争英俊，
bù yǔ shì fēi rén zhēng shì fēi
不与是非人争是非。

【注释】

①进取：追求、求取官职。

②矜饰：即自夸、粉饰自我。

【译文】

不与囤积财货的人比较财富的多少，不与追求官位的人比较地位的高低，不与粉饰自我的人比较名气的大小，不与年轻人比较相貌的俊丑，不与搬弄是非的人争论事情的对错。

fù guì　yuàn zhī fǔ yě　cái néng　shēn zhī zāi yě
富贵，怨之府也①。才能，身之灾也。
shēng míng　bàng zhī méi yě　huān lè　bēi zhī jiàn yě
声名，谤之媒也②。欢乐，悲之渐也。

【注释】

①府：保存文书或财物的地方，此处引申为根源的意思。

②媒：使双方发生关系的人或事物。

【译文】

荣华富贵，常常成为怨恨产生的根源。才华能力，往往为自己招来灾祸。声望名誉，大多会引来他人的诽谤。高兴快乐的时候，悲伤往往也在逐渐生成。

nóng yú shēng sè　shēng xū qiè bìng　nóng yú huò lì
浓于声色，生虚怯病。浓于货利，
shēng tān tāo bìng　nóng yú gōng yè　shēng zào zuò bìng　nóng
生贪饕病①。浓于功业，生造作病。浓
yú míng yù　shēng jiáo jī bìng
于名誉，生矫激病②。

【注释】

①饕：贪财，贪食。

②矫激：矫情偏激，违逆常情。

【译文】

沉溺于歌舞女色，便会产生心虚胆怯的毛病。贪财爱利，便会产生贪得无厌的毛病。热衷于建功立业，便会产生矫揉造作的毛病。追慕声誉名望，便会产生矫情偏激的毛病。

xiǎng zì jǐ shēn xīn dào hòu rì zhì zhī hé chù gù běn
想自己身心，到后日置之何处；顾本
lái miàn mù zài gǔ shí xiàng gè shèn rén
来面目，在古时像个甚人。

【译文】

想想自己的身躯，将来会被安放在什么地方？看看自己的真实面目，和哪位古人相似？

mò qīng shì cǐ shēn sān cái zài cǐ liù chǐ mò qīng shì
莫轻视此身，三才在此六尺①；莫轻视
cǐ shēng qiān gǔ zài cǐ yī rì
此生，千古在此一日。

【注释】

①三才：指天、地、人。　六尺：指成年男子的平均身高，相当于现在的一米七左右，此处指代身躯。

【译文】

不要轻视自己的身体，要知道天、地、人的精华都蕴藏在这六尺身躯之中；也不要轻视自己的生命，要知道流传千古的功业都是从当下做起。

zuì jiǔ bǎo ròu làng bǐ zì tán què bù cuò guò le yī
醉酒饱肉，浪笔恣谈，却不错过了一
rì wàng dòng hú yán mèi lǐ zòng yù jù bù zuò niè le
日；妄动胡言，昧理纵欲，讵不作孽了
yī rì
一日①。

【注释】

①讵：怎，岂。

【译文】

饮酒不节，饱食荤肉，放纵笔墨，恣意闲谈，这样做怎不是浪费了一天的大好时光。妄自行动，言语不节，违背天道，放纵欲望，这样做岂不是糟践了宝贵的一天吗？

bù ràng gǔ rén　shì wèi yǒu zhì　bù ràng jīn rén　shì wèi wú liàng
不让古人，是谓有志；不让今人，是谓无量。

【译文】

同古时建功立业之人一较高下，是有志气；同当下有所成就的人争高低强弱，是没度量。

yī néng shèng qiān　jūn zǐ bù kě wú cǐ xiǎo xīn　wú hé wèi bǐ　zhàng fū bù kě wú cǐ dà zhì
一能胜千，君子不可无此小心；吾何畏彼，丈夫不可无此大志。

【译文】

一个人有时能够战胜千万人，因此作为君子不可以掉以轻心，应当谨慎地对待他人；我何须畏惧他人，作为大丈夫也不能少了这种志气。

guài xiǎo rén zhī diān dǎo háo jié　bù zhī wéi diān dǎo fāng wéi xiǎo rén　xī jūn zǐ zhī shòu shì zhé mó　bù zhī wéi zhé mó nǎi jiàn jūn zǐ
怪小人之颠倒豪杰①，不知惟颠倒方为小人。惜君子之受世折磨，不知惟折磨乃见君子。

【注释】

①颠倒：控制，迫害。

【译文】

人们常常责怪小人迫害英雄豪杰，其实人们不知道正是因为迫害了别人，他们才成为小人。人们常常怜惜君子遭受艰难困苦，其实人们不知道只有在艰难困苦中才能锤炼出真正的君子。

jīng yī fān zhé mó　zhǎng yī fān jiàn shí　róng yī fān héng
经一番折磨，长一番见识。容一番横
nì　zēng yī fān qì dù　shěng yī fēn jīng yíng　duō yī fēn dào
逆，增一番器度。省一分经营，多一分道
yì　xué yī fēn tuì ràng　tǎo yī fēn pián yí　qù yī fēn shē chǐ
义。学一分退让，讨一分便宜。去一分奢侈，
shǎo yī fēn zuì guò　jiā yī fēn tǐ tiē　zhī yī fēn wù qíng
少一分罪过。加一分体贴①，知一分物情②。

【注释】

① 体贴：细心体会。

② 物情：物理人情，即世事人情。

【译文】

人只有多经历一番艰难困苦，方能长一番见识。多经历一番逆境，方能增加一分器量。少一分个人盘算，方能多一分道义。学会一分退让，方能讨得一分方便。减去一分奢侈，方能少一分罪过。对世事多一分细心体会，方能多了解一分世事人情。

bù zì zhòng zhě qǔ rǔ　bù zì wèi zhě zhāo huò　bù zì
不自重者取辱，不自畏者招祸，不自
mǎn zhě shòu yì　bù zì shì zhě bó wén
满者受益，不自是者博闻。

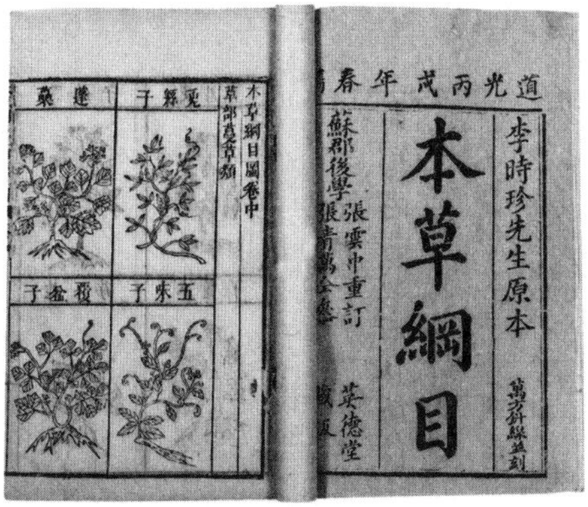

《本草纲目》是明代李时珍编撰的药学著作，他广收博采，向医生、药工、樵夫、渔夫等请教，结合长期学习、实践所积累的药学知识终于编成这部巨著。

【译文】

不自重的人常常自取其辱，心中没有畏惧的人多会招致灾祸，不自满的人才能受益良多，不自以为是的人才能见闻广博。

yǒu zhēn cái zhě，bì bù jīn cái；yǒu shí xué zhě，bì bù kuā xué。
有真才者，必不矜才[①]；有实学者，必不夸学。

【注释】

①矜：自夸自大。

【译文】

真正有才学的人，必定不会因才学而自大；真正有学问的人，必定不会因学问而自夸。

gài shì gōng láo，dāng bù dé yī gè jīn zì；mí tiān zuì è，zuì nán dé yī gè huǐ zì。
盖世功劳，当不得一个矜字；弥天罪恶，最难得一个悔字。

【译文】

纵然有盖世的功劳，也万不可居功自满，骄傲自大；纵然有弥天的罪恶，最可贵的是有悔过之心并认识到自己的错误。

wěi zuì lüè gōng，cǐ xiǎo rén shì。yǎn zuì kuā gōng，cǐ zhòng rén shì。ràng měi guī gōng，cǐ jūn zǐ shì。fēn yuàn gòng guò，cǐ shèng dé shì。
诿罪掠功[①]，此小人事。掩罪夸功，此众人事。让美归功[②]，此君子事。分怨共过，此盛德事。

【注释】

①诿：推脱，把责任推给别人。 掠：争夺，抢夺。

②归功：把功劳归于某人或某一集体，此处指将功劳归于他人。

【译文】

推脱罪责、争夺功劳，这是小人干的事。掩饰罪过、夸耀功劳，这是普通人干的事。能将美名、功劳归于他人，这是君子的行为。能够主动分担他人承受的埋怨和过错，这是德行高尚之人的作为。

wú huǐ zhòng rén zhī míng yǐ chéng yī jǐ zhī shàn wú yì tiān xià zhī lǐ yǐ hù yī jǐ zhī guò

毋毁众人之名，以成一己之善；毋役天下之理，以护一己之过。

【译文】

不可用诋毁众人名声的手段，来成就自己的美名；不可借用世间所有的道理，来掩饰自己的过错。

dà zhe dù pí róng wù lì dìng jiǎo gēn zuò rén shí chù zhuó jiǎo wěn chù xià shǒu

大著肚皮容物，立定脚跟做人。实处著脚，稳处下手。

【译文】

敞开心胸容纳万物，站稳脚跟正直做人。脚踏实地，沉稳处事。

dú shū yǒu sì gè zì zuì yào jǐn yuē quē yí hào wèn zuò rén yǒu sì gè zì zuì yào jǐn yuē wù shí nài jiǔ

读书有四个字最要紧，曰阙疑好问①；做人有四个字最要紧，曰务实耐久②。

【注释】

① 阙疑：遇到疑惑，暂时留存疑问，不作主观推测。

② 耐久：经久不变。

【译文】

读书有四个字是最重要的，便是“阙疑好问”；做人有四个字最重要，便是“务实耐久”。

shì dāng kuài yì chù xū zhuǎn yán dào kuài yì shí xū zhù
事当快意处须转，言到快意时须住。

【译文】

处理事情在顺心得意时应当有所收敛，与人谈话欢快高兴时应当适时停住。

wù jì quán shèng shì jì quán měi rén jì quán shèng
物忌全胜，事忌全美，人忌全盛。

【译文】

事物的发展不宜全盛，事情不宜做得过于完美，做人不宜只知进取而不懂退让。

jìn qián xíng zhě dì bù zhǎi xiàng hòu kàn zhě yǎn jiè kuān
尽前行者地步窄，向后看者眼界宽。

【译文】

只知一味前行的人，他所面对的境地会愈加狭窄；懂得向后看的人，他的眼界会愈加广阔。

liú yǒu yú bù jìn zhī qiǎo yǐ huán zào huà liú yǒu yú bù jìn zhī lù yǐ huán cháo tíng liú yǒu yú bù jìn zhī cái yǐ huán bǎi xìng liú yǒu yú bù jìn zhī fú yǐ yí zǐ sūn
留有余不尽之巧，以还造化。留有余不尽之禄，以还朝廷。留有余不尽之财，以还百姓。留有余不尽之福，以贻子孙。

【译文】

将发挥不完的聪明才智，回报天道命运。将使用不完的俸银禄米，回报朝廷。将花费不完的钱财物品，回报百姓。将享用不完的福气好运，留给子孙。

sì hǎi hé píng zhī fú zhǐ shì suí yuán yī shēng qiān rě zhī láo zǒng yīn hào shì
四海和平之福，只是随缘①；一生牵惹之劳②，总因好事。

【注释】

①随缘：顺应机缘，任其自然。

②牵惹：牵连，牵挂。

【译文】

四海之内和平安宁，这样的福气只是顺其自然的缘故；一生牵挂忧愁，这样的劳苦却是因为爱参与别人的事。

huā fán liǔ mì chù bō de kāi fāng jiàn shǒu duàn fēng kuáng yǔ zhòu shí lì de dìng cái shì jiǎo gēn

花繁柳密处拨得开，方见手段；风狂雨骤时立得定，才是脚跟。

【译文】

身处各种诱惑之中而不为所动，才能体现一个人的本领；危难之时守得住节操，才是做人有原则的表现。

bù bù zhàn xiān zhě bì yǒu rén yǐ jǐ zhī shì shì zhēng shèng zhě bì yǒu rén yǐ cuò zhī

步步占先者，必有人以挤之；事事争胜者，必有人以挫之。

【译文】

事事都要争先抢先的人，必然会遭到他人的排挤；事事都争强好胜的人，必然会遭到他人的挫败。

néng gǎi guò zé tiān dì bù nù néng ān fèn zé guǐ shén wú quán

能改过，则天地不怒；能安分，则鬼神无权。

【译文】

人如果能改过自新，那么尽管犯过错误，天地神明也不会怪罪他；人如果能安分守己，那么便无须向鬼怪神仙祈求福佑了。

yán xíng nǐ zhī gǔ rén　zé dé jìn　gōng míng fù zhī tiān mìng　zé xīn xián　bào yìng niàn jí zǐ sūn　zé shì píng　shòu xiǎng lǜ jí jí bìng　zé yòng jiǎn

言行拟之古人，则德进。功名付之天命，则心闲。报应念及子孙，则事平。受享虑及疾病，则用俭。

【译文】

言行学习古人，德行便会提高。功名利禄顺应天命，内心便会闲适安宁。想到因果报应会影响子孙后代，便会办事公平公正。考虑到过度享受会招致疾病，便会生活节俭朴素。

ān mò ān yú zhī zú　wēi mò wēi yú duō yán　guì mò guì yú wú qiú　jiàn mò jiàn yú duō yù　lè mò lè yú hào shàn　kǔ mò kǔ yú duō tān　cháng mò cháng yú bó móu　duǎn mò duǎn yú zì shì　míng mò míng yú tǐ wù　àn mò àn yú mèi jī

安莫安于知足，危莫危于多言，贵莫贵于无求，贱莫贱于多欲，乐莫乐于好善，苦莫苦于多贪，长莫长于博谋①，短莫短于自恃②，明莫明于体物③，暗莫暗于昧几④。

【注释】

①博谋：即广泛地征求他人意见。

②自恃：过分自信而骄傲。

③体物：体察、洞悉事物。

④昧几：体察不到事物发展的苗头和迹象。昧，暗，不明。几，事物发展的苗头。

【译文】

人生最大的平安就是知足，最大的危险就是多言，最高贵的心态就是无所求，最低贱的心态就是欲望多，最大的快乐就是一心向善，最大的痛苦就是贪婪，最大的优点就是广泛听取他人意见，最大的缺点就是骄傲自大、听不进他人的劝诫，最大的聪明就是能够细致入微地体察、洞悉事物，最大的愚蠢就是对事物的发展变化浑然不知。

néng zhī zú zhě tiān bù néng pín néng rěn rǔ zhě tiān bù néng huò néng wú qiú zhě tiān bù néng jiàn néng wài xíng hái zhě tiān bù néng bìng néng bù tān shēng zhě tiān bù néng sǐ néng suí yù ér ān zhě tiān bù néng kùn néng zào jiù rén cái zhě tiān bù néng gū néng yǐ shēn rèn tiān xià hòu shì zhě tiān bù néng jué

能知足者，天不能贫。能忍辱者，天不能祸。能无求者，天不能贱。能外形骸者①，天不能病。能不贪生者，天不能死。能随遇而安者，天不能困。能造就人材者，天不能孤。能以身任天下后世者，天不能绝。

【注释】

①外形骸：将身体形骸置之度外，指不过分爱惜养护自己的身体。

【译文】

能够知足的人，上天不会让他贫穷。能够忍受屈辱的人，上天不会降给他灾祸。能够无所求的人，上天不会让他卑贱。能够将身体形骸置之度外的人，上天不会让他有疾病。能够不贪生怕死的人，上天不会让他死于灾祸。能够随遇而安的人，上天不会让他艰难困顿。能够造就人才的人，上天不会让他孤独无助。能够用自己一身来担当天下后世责任的人，上天不会让他后继无人。

tiān bó wǒ yǐ fú wú hòu wú dé yǐ yà zhī tiān láo wǒ yǐ xíng wú yì wú xīn yǐ bǔ zhī tiān è wǒ yǐ yù wú xiǎng wú dào yǐ tōng zhī tiān kǔ wǒ yǐ jìng wú lè wú

天薄我以福，吾厚吾德以迓之①。天劳我以形，吾逸吾心以补之。天厄我以遇②，吾享吾道以通之。天苦我以境，吾乐吾

shén yǐ chàng zhī
神以畅之。

【注释】

①迓：迎接。

②厄：使遭受困苦。

【译文】

上天赐给我的福分不多，我便提升自己的道德修养来迎接它。上天使我的身体劳累，我便使自己内心闲适来弥补它。上天使我遭遇困苦阻碍，我便用自己的努力来打通它。上天使我处境艰苦，我便打起精神用快乐的心情来面对它。

jí xiōng huò fú shì tiān zhǔ zhāng huǐ yù yǔ duó
吉凶祸福，是天主张。毁誉与夺，
shì rén zhǔ zhāng lì shēn xíng jǐ shì wǒ zhǔ zhāng
是人主张。立身行己，是我主张。

【译文】

吉凶祸福，都是上天主宰的。诋毁称誉，都是别人掌握的。如何为人、如何处事，却是我自己能够决定的。

yào dé fù guì fú zé tiān zhǔ zhāng yóu bù dé wǒ
要得富贵福泽，天主张，由不得我；
yào zuò xián rén jūn zǐ wǒ zhǔ zhāng yóu bù dé tiān
要做贤人君子，我主张，由不得天。

【译文】

能否得到富贵福禄，那是上天决定的，不是自己能够做主的。是否要做贤人君子，这是我来决定的，不是上天能够左右的。

fù yǐ néng shī wéi dé pín yǐ wú qiú wéi dé guì yǐ xià
富以能施为德，贫以无求为德，贵以下
rén wéi dé jiàn yǐ wàng shì wéi dé
人为德①，贱以忘势为德。

【注释】

① 下人：居于人之下，对人谦让。

【译文】

富有的人以能够施舍穷人为美德，贫穷的人以无所奢求为美德，尊贵的人以对人谦让为美德，低贱的人以不追慕权势为美德。

hù tǐ miàn bù rú zhòng lián chǐ qiú yī yào bù rú yǎng xìng qíng lì dǎng yǔ bù rú zhāo xìn yì zuò wēi fú bù rú dǔ zhì chéng duō yán shuō bù rú shèn yǐn wēi bó míng shēng bù rú zhèng xīn shù zì háo huá bù rú lè míng jiào guǎng tián zhái bù rú jiào yì fāng

护体面，不如重廉耻。求医药，不如养性情。立党羽，不如昭信义①。作威福，不如笃至诚②。多言说，不如慎隐微③。博名声，不如正心术。恣豪华，不如乐名教。广田宅，不如教义方④。

【注释】

① 昭：使明显，显著。

② 笃：忠实。 至诚：极为诚恳。

③ 慎隐微：指为人谨小慎微。

④ 义方：行事应当遵守的规范和道理。

【译文】

与其爱护自己的面子，不如注重廉耻。与其求医问药，不如修养性情。与其树立党羽，不如昭显信义。与其作威作福，不如踏实诚恳。与其言语过多，不如谨小慎微。与其博取名声，不如端正心术。与其放纵享乐，不如乐于修习名教。与其广置田宅，不如学习做人的道理和规范。

xíng jǐ gōng zé gōng hòu jiē zhòng hé lì xīn zhèng jìn dào yǒng zé yǒu yǐ qiú yì gǎi guò yǐ quán shēn

行己恭，责躬厚，接众和，立心正，进道勇①，择友以求益，改过以全身。

【注释】

①进道：进修道业，指不断深入地修习圣贤之道。

【译文】

为人应当行为恭敬，品行敦厚，待人和善，心思端正，修习圣贤之道坚决而不动摇，选择良朋益友以求能有助于自身德行的提高，改掉过错以求能够实现自身修养的完善。

jìng wéi qiān shèng shòu shòu zhēn yuán shèn nǎi bǎi nián tí sī jǐn yào
敬为千圣授受真源①，慎乃百年提撕紧钥②。

【注释】

①授受：给予和接受，引申为与人相处。

②提撕：教导，提醒。

【译文】

恭敬是历代圣贤与人相处的根本，谨慎是千百年来教导提醒人言行的关键。

dù liàng rú hǎi hán chūn yù yìng jiē rú liú shuǐ xíng yún cāo cún rú qīng tiān bái rì wēi yí rú dān fèng xiáng lín yán lùn rú qiāo jīn jiá shí chí shēn rú yù jié bīng qīng jīn bào rú guāng fēng jì yuè qì gài rú qiáo yuè tài shān
度量如海涵春育①，应接如流水行云②，操存如青天白日，威仪如丹凤祥麟，言论如敲金戛石③，持身如玉洁冰清④，襟抱如光风霁月⑤，气概如乔岳泰山⑥。

【注释】

①海涵：如海一样的包容，比喻人度量宽大。 春育：如春风一样化育万物，比喻待人温和。

②流水行云：像江河中的流水、天上的行云，比喻处事洒脱自然，不做作。

③ 戛：敲打。

④ 持身：对自己言行的把握，即立身、修身。

⑤ 襟抱：胸怀，抱负。

⑥ 乔岳：即高山，本指泰山。乔，高大。

【译文】

度量应当如同大海般宽广又如春风般温和，处事应当如同流水行云般自然洒脱，操守应当如同青天白日般光明磊落，仪表应当如同凤凰麒麟般威严庄重，言语应当如同敲金振石般响亮干脆，修身应当如同冰玉般纯洁清净，胸襟抱负应当如同月下清风、雨后明月般明澈高远，气概应当如同巍峨的泰山般雄伟崇高。

hǎi kuò píng yú yuè tiān gāo rèn niǎo fēi fēi dà zhàng fū bù néng yǒu cǐ dù liàng zhèn yī qiān rèn gāng zhuó zú wàn lǐ liú fēi dà zhàng fū bù néng yǒu cǐ qì jié zhū cáng zé zì mèi yù yùn shān hán huī fēi dà zhàng fū bù néng yǒu cǐ yùn jiè yuè dào wú tóng shàng fēng lái yáng liǔ biān fēi dà zhàng fū bù néng yǒu cǐ jīn huái

海阔凭鱼跃，天高任鸟飞，非大丈夫不能有此度量。振衣千仞冈①，濯足万里流②，非大丈夫不能有此气节。珠藏泽自媚③，玉韫山含晖④，非大丈夫不能有此蕴藉⑤。月到梧桐上，风来杨柳边，非大丈夫不能有此襟怀⑥。

【注释】

① 振衣：抖衣去尘，此处引申为清白做人。　仞：古代计量单位，一仞约合周尺八尺或七尺（周尺约合二十三厘米）。

② 濯足：本意为洗脚，后指清除尘俗，保持高洁。

③ 媚：美好。

④ 韫：蕴藏。　晖：阳光，亦泛指光辉。

⑤ 蕴藉：含而不露。

⑥襟怀：胸襟，胸怀。

［元］赵孟頫绘《苏轼小像》

宋代大文豪苏轼一生仕途坎坷，在从黄州到惠州，从惠州到儋州的一贬再贬、越贬越远的人生困境中，他没有消沉绝望，反而越挫越勇，不愧是一位有着豁达襟怀的大丈夫。

【译文】

广阔的大海任凭鱼儿畅游腾跃，浩瀚的天空任凭鸟儿自由高飞，不是大丈夫不会有这样的度量。清白做人，身躯犹如千仞高山般高大伟岸，不落尘俗，气魄犹如万里江河般宏大开阔，不是大丈夫不会有这样的气节。宝珠即便深藏于水泽之中也仍然鲜妍美好，美玉即便蕴藏于深山之中也依旧光辉不减，不是大丈夫不会有这样含而不露的品格。犹如照彻梧桐的月光般皎洁，又如吹拂杨柳的春风般和煦，不是大丈夫不会有这样的胸襟。

chǔ cǎo yě zhī rì　bù kě jiāng cǐ shēn kàn de xiǎo　jū
处草野之日①，不可将此身看得小；居
láng miào zhī rì　bù kě jiāng cǐ shēn kàn de dà
廊庙之日②，不可将此身看得大。

【注释】

①草野：荒野，喻指民间。

②廊庙：指朝廷。

【译文】

身处民间的时候，不要因此而轻视自己；在朝为官的时候，也不要将自己看得太重。

zhǐ yī gè sú niàn tóu cuò zuò le yī shēng rén zhǐ yī shuāng sú yǎn jīng cuò rèn le yī shēng rén

只一个俗念头，错做了一生人；只一双俗眼睛，错认了一生人。

【译文】

只因为一个庸俗的想法，做人做错了一辈子；只因为用庸俗的眼光去看待他人，一辈子没有认清谁好谁坏。

xīn bù wàng niàn shēn bù wàng dòng kǒu bù wàng yán jūn zǐ suǒ yǐ cún chéng nèi bù qī jǐ wài bù qī rén shàng bù qī tiān jūn zǐ suǒ yǐ shèn dú bù kuì fù mǔ bù kuì xiōng dì bù kuì qī zǐ jūn zǐ suǒ yǐ yí jiā bù fù tiān zǐ bù fù shēng mín bù fù suǒ xué jūn zǐ suǒ yǐ yòng shì

心不妄念，身不妄动，口不妄言，君子所以存诚。内不欺己，外不欺人，上不欺天，君子所以慎独。不愧父母，不愧兄弟，不愧妻子，君子所以宜家①。不负天子，不负生民，不负所学，君子所以用世。

河南程颐故居道学堂

北宋理学家程颐曾说进修之术“莫先于正心诚意”，意在说明修为之道首先要内心赤诚，思想端正。只有正心诚意，君子才得以存诚、慎独、宜家、用世。

【注释】

①宜家：使家庭和睦。

【译文】

内心没有非分之想，不胡乱行动，不信口胡言，所以君子心中常常存有诚信。对内不欺骗自己，对外不欺骗他人，对上不欺骗苍天，所以君子独处时才能谨慎守礼。不愧对父母，不愧对兄弟，不愧对妻儿，所以君子能够使家庭关系和睦融洽。不辜负君王，不辜负百姓，不辜负自己平生所学，所以君子能够被委以重任。

yǐ xìng fèn yán wú lùn fù zǐ xiōng dì jí tiān dì wàn
以性分言①，无论父子兄弟，即天地万
wù jiē yī tǐ ěr hé wù fēi wǒ yú cǐ xìn de jí zé
物，皆一体耳，何物非我，于此信得及，则
xīn tǐ kuò rán yǐ yǐ wài wù yán wú lùn gōng míng fù guì
心体廓然矣②；以外物言，无论功名富贵，
jí sì zhī bǎi hái yì qū ké ěr hé wù shì wǒ yú cǐ xìn
即四肢百骸③，亦躯壳耳，何物是我，于此信
de jí zé shì wèi dàn rán yǐ
得及，则世味淡然矣④。

【注释】

①性分：天性，本性。

②心体：心思，内心。　廓然：宽阔而宁静。

③四肢百骸：人体的各个部分，泛指全身。

④世味：功名富贵，世俗人情。

【译文】

就天性而论，无论父子兄弟还是天地万物，都是一个整体，与我哪有什么本质区别，认识到这一点，内心便会豁然开朗变得平静；就外在事物而论，无论功名富贵还是身体四肢，都是独立于自己主观精神之外的躯壳肉身而已，哪里是真正属于我的呢，认识到这一点，所有的功名富贵、世俗人情都会变得淡然无味了。

yǒu bǔ yú tiān dì yuē gōng　yǒu guān yú shì jiào yuē míng
有补于天地曰功①，有关于世教曰名②，
yǒu xué wèn yuē fù　yǒu lián chǐ yuē guì　shì wèi gōng míng fù guì
有学问曰富，有廉耻曰贵，是谓功名富贵。
wú wéi yuē dào　wú yù yuē dé　wú xí yú bǐ lòu yuē wén
无为曰道③，无欲曰德，无习于鄙陋曰文④，
wú jìn yú ài mèi yuē zhāng　shì wèi dào dé wén zhāng
无近于暧昧曰章⑤，是谓道德文章。

【注释】

① 补：益处。

② 世教：当世的礼法和教化。

③ 无为：道家思想，指要依附天命，顺应自然，没必要有所作为。

④ 鄙陋：粗俗浅薄。

⑤ 暧昧：态度不明朗，或行为不可告人。

【译文】

一个人所做的事情能够有益于社会，这样的作为可以称为“功”；一个人的事迹能够成为当世礼法教化的典范，这样的作为可以称为“名”；有知识学问，便称得上“富”；有礼义廉耻，便称得上“贵”，做到这些才是拥有了功、名、富、贵。一个人活着能够依天命、顺自然，这样的状态称为“道”；没有各种不良的欲望，可以称为“德”；不受世间粗俗浅薄风气的影响，可以称为“文”；为人处事态度坚决、条理清晰，可以称为“章”，做到这些才是拥有了道、德、文、章。

kùn rǔ fēi yōu　qǔ kùn rǔ wéi yōu　róng lì fēi lè
困辱非忧，取困辱为忧；荣利非乐，
wàng róng lì wéi lè
忘荣利为乐。

【译文】

困苦屈辱并不值得担忧，自取其辱才值得担忧；名望和财富并不是真正的快乐，忘记名望和财富才能获得真正的快乐。

rè nào huá róng zhī jìng yī guò zé shēng qī liáng qīng zhēn lěng dàn zhī wéi lì jiǔ yù yǒu yì wèi

热闹华荣之境，一过则生凄凉；清真冷淡之为①，历久愈有意味。

【注释】

① 清真：纯真朴素。 冷淡：素净淡雅。

【译文】

热闹繁华的时光，过去之后心中便会感到冷清凄凉；而那些纯真淡雅的作为，历时越久越有意味。

xīn zhì yào kǔ yì qù yào lè qì dù yào hóng yán dòng yào jǐn

心志要苦，意趣要乐①。气度要宏，言动要谨。

安徽淮北相山公园“卧薪尝胆”雕塑

春秋时期，越王勾践被灭国后，立志报仇雪耻。他唯恐被安逸消磨了志气，每天在柴草上睡觉，并在吃饭前先尝一尝苦胆的味道，以磨练心志，最终攻破吴国。

【注释】

① 意趣：思想与旨趣。

【译文】

内心要经历困苦磨难，思想要积极乐观。气度要宽宏大量，说话做事要小心谨慎。

xīn shù yǐ guāng míng dǔ shí wéi dì yī róng mào yǐ zhèng dà lǎo chéng wéi dì yī yán yǔ yǐ jiǎn zhòng zhēn qiè wéi dì yī

心术以光明笃实为第一，容貌以正大老成为第一，言语以简重真切为第一。

【译文】

心术最重要的是光明磊落、实实在在，容貌最重要的是端正大方、沉静稳重，说话最重要的是言简意赅、真实可信。

wù tǔ wú yì shēn xīn zhī yǔ wù wéi wú yì shēn xīn zhī shì wù jìn wú yì shēn xīn zhī rén wù rù wú yì shēn xīn zhī jìng wù zhǎn wú yì shēn xīn zhī shū

勿吐无益身心之语，勿为无益身心之事，勿近无益身心之人，勿入无益身心之境，勿展无益身心之书。

【译文】

不说不利于身心健康的话，不做不利于身心健康的事，不接近不利于身心发展的人，不去不利于身心健康的地方，不看不利于身心健康的书。

cǐ shēng bù xué yī kě xī cǐ rì xián guò èr kě xī cǐ shēn yī bài sān kě xī

此生不学一可惜，此日闲过二可惜，此身一败三可惜。

【译文】

一生没有学习，这是一可惜；一天闲过，这是二可惜；一事无成，这是三可惜。

jūn zǐ xiōng zhōng suǒ cháng tǐ bù shì rén qíng shì tiān lǐ jūn zǐ kǒu zhōng suǒ cháng dào bù shì rén lún shì shì jiào jūn

君子胸中所常体，不是人情是天理。君子口中所常道，不是人伦是世教。君

zǐ shēn zhōng suǒ cháng xíng bù shì guī jǔ shì zhǔn shéng
子身中所常行，不是规矩是准绳。

【译文】

君子心中常常想的不是人情而是天理。君子口中常常说的不是人伦，而是有助于社会教化的天地至理。君子亲身践行的不是简单的道德规矩，而是致力于成为社会道德的准绳。

xiū wěi zuì yú qì huà yī qiè zé zhī rén shì xiū guò wàng yú shì jiān yī qiè qiú zhī wǒ shēn
休诿罪于气化①，一切责之人事。休过望于世间②，一切求之我身。

【注释】

① 气化：指阴阳之气的变化，亦比喻世事的变迁。此处指运气。

② 过望：奢望，过高的要求。

【译文】

不要将个人的不顺归罪于运气不佳，应该将一切归罪于自身的为人处事。不要对社会和他人抱有过高的期望和要求，应当用这一切来要求自己。

zì zé zhī wài wú shèng rén zhī shù zì qiáng zhī wài wú shàng rén zhī shù
自责之外，无胜人之术；自强之外，无上人之术。

【译文】

除了自责，没有其他能够战胜他人的办法；除了自强，没有其他能够超越他人的途径。

shū yǒu wèi céng jīng wǒ dú shì wú bù kě duì rén yán
书有未曾经我读，事无不可对人言。

【译文】

书籍有我不曾读过的，事情没有不可以对他人讲的。

guī mén zhī shì kě chuán ér hòu zhī jūn zǐ zhī jiā fǎ yǐ
闺门之事可传，而后知君子之家法矣；
jìn xí zhī rén qǐ jìng ér hòu zhī jūn zǐ zhī shēn fǎ yǐ
近习之人起敬[1]，而后知君子之身法矣。

【注释】

① 近习：亲近。

【译文】

家中的事情可以告诉他人，而后人们便知道了君子的治家之法；令亲近的人肃然起敬，而后人们便知道了君子的修身之道。

mén nèi hǎn wén xī xiào nù mà qí jiā fàn kě zhī zuò
门内罕闻嬉笑怒骂，其家范可知[1]；座
yòu biàn shū míng lùn gé yán qí zhì qù kě xiǎng
右遍书名论格言[2]，其志趣可想。

中华书局版《六臣注文选》

座右铭出自《文选·崔瑗〈座右铭〉》，吕延济题注："瑗兄璋为人所杀，瑗遂手刃其仇，亡命，蒙赦而出，作此铭以自戒，尝置座右，故曰座右铭也。"《文选》，又称《昭明文选》，是南朝萧统编的诗文总集。

【注释】

① 家范：治家的规范，法度。

② 座右：座位的右边。古人常把所珍视的文书字画放置于此。

【译文】

家门之内很少听到嬉笑怒骂之声，这样的人家其治家严明便可窥知；座右案头都是抄写的名言佳句，此人的志向意趣便可想见。

shèn yán dòng yú qī zǐ pú lì zhī jiān jiǎn shēn xīn yú shí xī qǐ jū zhī jì

慎言动于妻子仆隶之间，检身心于食息起居之际。

【译文】

即便是与自己的妻子儿女仆人相处时，也要谨慎自己的言行；即便是在日常饮食起居时，也要注意检视自己的身心修养。

yǔ yán jiān jìn kě jī dé qī zǐ jiān yì shì xiū shēn

语言间尽可积德，妻子间亦是修身。

【译文】

和人谈话时完全可以积德，和妻子儿女相处时也是在修身。

zhòu yàn zhī qī zǐ yǐ guān qí xíng zhī dǔ yǔ fǒu yě yè kǎo zhī mèng mèi yǐ bǔ qí zhì zhī dìng yǔ fǒu yě

昼验之妻子，以观其行之笃与否也；夜考之梦寐，以卜其志之定与否也①。

【注释】

①卜：预料，估计，猜测。

【译文】

白天考察他的妻子儿女，通过对他妻子儿女的观察看他的言行是否诚信踏实；夜晚考察他的睡梦，通过对梦话的分析来看他的意志是否坚定。

yù lǐ huì qī chǐ xiān lǐ huì fāng cùn yù lǐ huì liù hé xiān lǐ huì yī qiāng

欲理会七尺①，先理会方寸。欲理会六合②，先理会一腔③。

【注释】

① 七尺：指身躯，人身长约相当于古尺七尺，此处代指人。

② 六合：上下和四方，泛指天地或宇宙。

③ 一腔：本指动物体内的空隙，此处引申为身边小事。

【译文】

想要了解人，首先要了解人心。想要了解这个世界，首先要学会处理自己身边的小事。

shì rén yǐ qī chǐ wéi xìng mìng jūn zǐ yǐ xìng mìng wéi qī chǐ

世人以七尺为性命①，君子以性命为七尺。

【注释】

① 七尺：见前文注释。 性命：上天赋予人的本性。

【译文】

普通人珍惜自己的身体，认为身体就是上天所赋予的本性；君子珍惜上天所赋予人的本性，将上天所赋予的本性视作身体来珍惜。

qì xiàng yào gāo kuàng bù kě shū kuáng xīn sī yào zhěn mì bù kě suǒ xiè qù wèi yào chōng dàn bù kě kū jì cāo shǒu yào yán míng bù kě jī liè

气象要高旷，不可疏狂①。心思要缜密，不可琐屑。趣味要冲淡，不可枯寂。操守要严明，不可激烈。

【注释】

① 疏狂：豪放，不受拘束。

【译文】

为人的气度要高远宽阔，不可过分豪放不受拘束。心思要谨慎细密，不可流于琐碎。情趣要清净淡雅，不可过于枯燥无聊。操守要严肃公正，不可过于强硬激烈。

cōng míng zhě jiè tài chá gāng qiáng zhě jiè tài bào wēn
聪明者戒太察①，刚强者戒太暴，温
liáng zhě jiè wú duàn
良者戒无断②。

【注释】

①太察：为人精明，任何小问题都看得清清楚楚。

②无断：处事犹豫不决，不果断。

【译文】

聪明的人不应太过精明，刚强的人不应太过暴躁，温和善良的人处事不应犹豫不决。

wù shī xiǎo huì shāng dà tǐ wú jiè gōng dào suì sī qíng
勿施小惠伤大体，毋借公道遂私情。
yǐ qíng shù rén yǐ lǐ lǜ jǐ
以情恕人，以理律己。

【译文】

不要因为施舍小恩小惠而伤害到了事情全局，不要假借为公的名义而徇私情。要以人之常情来原谅他人，要以是非之理来约束自己。

yǐ shù jǐ zhī xīn shù rén zé quán jiāo yǐ zé rén zhī
以恕己之心恕人，则全交①；以责人之
xīn zé jǐ zé guǎ guò
心责己，则寡过。

【注释】

①全交：指保全、维护交谊或友情。

【译文】

以原谅自己的心来原谅他人，那么便保全了友情。以要求他人的心来要求自己，那么便会少犯错误。

lì yǒu suǒ bù néng shèng rén bù yǐ wú kě nài hé zhě zé rén
力有所不能，圣人不以无可奈何者责人；
xīn yǒu suǒ dāng jìn shèng rén bù yǐ wú kě nài hé zhě zì wěi
心有所当尽，圣人不以无可奈何者自诿。

【译文】

总有人力不及的事情，因此圣人不会因为这些无可奈何的事而责备他人；做任何事情都应尽心尽力，因此圣人不会因为这些无可奈何的事而推卸自己的责任。

zhòng è bì chá zhòng hǎo bì chá yì zì è bì chá zì hǎo bì chá nán
众恶必察，众好必察，易；自恶必察，自好必察，难。

【译文】

众人的缺点一定要查明，众人的优点一定要查明，这些都是很容易做到的事情；自身的缺点一定要查明，自身的优点一定要查明，这些都是极难做到的事情。

jiàn rén bù shì zhū è zhī gēn jiàn jǐ bù shì wàn shàn zhī mén
见人不是，诸恶之根；见己不是，万善之门。

【译文】

总是看到他人的过错，这是恶的根源；总是看到自己的过错，这是善的开端。

bù wéi guò sān zì mèi què duō shǎo liáng xīn méi nài hé sān zì mǒ qù duō shǎo tǐ miàn
不为过三字，昧却多少良心①；没奈何三字，抹去多少体面。

【注释】

①昧：隐藏，隐瞒。

【译文】

“不为过”这三个字，使多少人隐瞒了良心；“没奈何”这三个字，使多少人丢掉了体面。

pǐn yì cháng kàn shèng rú wǒ zhě zé kuì chǐ zì zēng
品诣常看胜如我者①，则愧耻自增；
xiǎng yòng cháng kàn bù rú wǒ zhě zé yuàn yóu zì mǐn
享用常看不如我者，则怨尤自泯②。

【注释】

①品诣：品行。

②怨尤：埋怨责怪。　泯：消失。

【译文】

品行修养上常看那些比我好的人，那么心中自然增加了惭愧羞耻之感；生活享受上常看那些比我差的人，那么心中的埋怨和责怪便会自行消失。

jiā zuò wú liáo yì niàn shí lì dān fū hóng chén chì rì
家坐无聊，亦念食力担夫红尘赤日①；
guān jiē bù dá shàng yǒu gāo cái xiù cái bái shǒu qīng jīn
官阶不达，尚有高才秀才白首青衿②。

【注释】

①食力：靠劳动生活，自食其力。

②青衿：青色交领的长衫，古代学子和明清秀才的常服。代指身无官职的人。

【译文】

家中闲坐觉得无聊时，可以想想那些在烈日下尘土飞扬中以劳动谋生的人们；官运不畅达心中不平时，可以想想那些才华横溢但却没有考取功名的白头秀才们。

jiāng tí jī zhě bǐ zé dé bǎo zì lè jiāng háo hán zhě bǐ
将啼饥者比，则得饱自乐。将号寒者比，
zé dé nuǎn zì lè jiāng láo yì zhě bǐ zé yōu xián zì lè jiāng
则得暖自乐。将劳役者比，则优闲自乐。将
jí bìng zhě bǐ zé kāng jiàn zì lè jiāng huò huàn zhě bǐ zé
疾病者比，则康健自乐。将祸患者比，则
píng ān zì lè jiāng sǐ wáng zhě bǐ zé shēng cún zì lè
平安自乐。将死亡者比，则生存自乐。

【译文】

与因饥饿而啼哭的人相比，吃饱饭便是快乐。与因挨冻而哭号的人相比，穿得暖便是快乐。与承受繁重劳役的人相比，生活悠闲便是快乐。与遭受疾病折磨的人相比，身体健康便是快乐。与遭受灾祸的人相比，生活平安便是快乐。与那些死去的人相比，活在世上便是快乐。

cháng sī zhōng tiān bào hèn zì bù dé bù jìn xiào xīn
常思终天抱恨①，自不得不尽孝心。
cháng sī dù rì jiān nán zì bù dé bù jié fèi yòng cháng sī
常思度日艰难，自不得不节费用。常思
rén mìng cuì bó zì bù dé bù xī jīng shén cháng sī shì tài
人命脆薄，自不得不惜精神。常思世态
yán liáng zì bù dé bù fèn zhì qì cháng sī fǎ wǎng nán lòu
炎凉，自不得不奋志气。常思法网难漏，
zì bù dé bù jiè fēi wéi cháng sī shēn mìng yì qīng zì bù
自不得不戒非为。常思身命易倾，自不
dé bù rěn qì xìng
得不忍气性。

【注释】

①终天：终身。一般用于死丧永别等不幸的时候。

【译文】

常常想到会因父母离世尚未尽孝而抱恨终生，自然就不会不尽孝心了。

常常想到过日子的艰难，自然就不会不节省开销了。常常想到人生命的脆弱，自然就不会不爱惜精神元气了。常常想到世态炎凉，自然就不会不发奋立志了。常常想到法网难逃，自然就不会为非作歹了。常常想到生命易逝，自然就不会不修养性情了。

yǐ mèi zì fèng qīn yǐ dàn zì jiāo yǒu yǐ gǒu zì
以媚字奉亲①，以淡字交友，以苟字
shěng fèi yǐ zhuō zì miǎn láo yǐ lóng zì zhǐ bàng yǐ
省费，以拙字免劳，以聋字止谤，以
máng zì yuǎn sè yǐ lìn zì fáng kǒu yǐ bìng zì yī yín
盲字远色，以吝字防口，以病字医淫。
yǐ tān zì dú shū yǐ yí zì qióng lǐ yǐ kè zì zé jǐ
以贪字读书，以疑字穷理，以刻字责己，
yǐ yū zì shǒu lǐ yǐ hěn zì lì zhì yǐ ào zì zhí gǔ
以迂字守礼，以狠字立志，以傲字植骨，
yǐ chī zì jiù pín yǐ kōng zì jiě yōu yǐ ruò zì yù wǔ
以痴字救贫，以空字解忧，以弱字御侮，
yǐ huǐ zì gǎi guò yǐ lǎn zì yì bēn jìng fēng yǐ duò zì
以悔字改过，以懒字抑奔竞风②，以惰字
bǐng chén sú shì
屏尘俗事③。

【注释】

① 媚：逢迎，迎合。

② 奔竞：奔走竞争，多指对名利的追求。

③ 屏：排除，除去。

【译文】

用“媚”字奉养父母，以“淡”字交友，以“苟”字节省开支，以“拙”字免受操劳，以“聋”字消除诽谤，以“盲”字远离美色，以“吝”字防止多言，以“病”字医治享乐无度。以“贪”字读书，以“疑”字探究事理，以“刻”字要求自己，以“迂”字坚守礼仪，以“狠”

字立下志向，以“傲”字树立骨气，以“痴”字救助贫困，以“空”字解除烦忧，以“弱”字抵御欺辱，以“悔”字改正过错，以“懒”字抑制追名逐利，以“惰”字除去尘俗琐事。

duì shī yì rén mò tán dé yì shì chǔ dé yì rì mò wàng shī yì shí

对失意人[1]，莫谈得意事；处得意日，莫忘失意时。

【注释】

① 失意：不遂心，不得志。

【译文】

面对失意的人，不要大谈自己得意的事；身处得意之时，不要忘记曾经失意的日子。

pín jiàn shì kǔ jìng néng shàn chǔ zhě zì lè fù guì shì lè jìng bù shàn chǔ zhě gèng kǔ

贫贱是苦境，能善处者自乐；富贵是乐境，不善处者更苦。

【译文】

贫贱本是困苦的环境，然而善于面对它的人仍能自得其乐；富贵本是快乐的环境，然而不善于面对它的人反而会有比普通人更多的痛苦。

ēn lǐ yóu lái shēng hài gù kuài yì shí xū zǎo huí tóu bài hòu huò fǎn chéng gōng gù fú xīn chù mò biàn fàng shǒu

恩里由来生害，故快意时须早回头；败后或反成功，故拂心处莫便放手[1]。

【注释】

① 拂心：违逆心意，不顺心。

【译文】

人与人相处时过分的恩宠往往会生出祸害，所以得意时应及早收敛；人失败之后或许会获得成功，所以不顺心时不要轻言放弃。

shēn chén hòu zhòng shì dì yī děng zī zhì lěi luò háo xióng shì dì èr děng zī zhì cōng míng cái biàn shì dì sān děng zī zhì
深沉厚重，是第一等资质[①]。磊落豪雄，是第二等资质。聪明才辩，是第三等资质。

【注释】

① 资质：人的天资、气质。

【译文】

心思沉稳、敦厚稳重，是第一等的天资气质。光明磊落、豪迈雄壮，是第二等的天资气质。聪明睿智、能言善辩，是第三等的天资气质。

shàng shì wàng míng zhōng shì lì míng xià shì qiè míng
上士忘名，中士立名，下士窃名。

【译文】

上等的读书人不在乎名望，中等的读书人努力树立名望，下等的读书人窃取名望。

shàng shì bì xīn zhōng shì bì kǒu xià shì bì mén
上士闭心[①]，中士闭口，下士闭门。

【注释】

① 闭心：思想上严格自守。

【译文】

上等的读书人心中没有杂念，中等的读书人不会胡乱讲话，下等的读书人只会闭门不出。

hào jié rén zhě shēn bì wēi zì gān wéi yú shì chéng
好讦人者身必危①，自甘为愚，适成
qí bǎo shēn zhī zhì hào zì kuā zhě rén duō xiào zì wǔ qí
其保身之智；好自夸者人多笑，自舞其
zhì shì jiàn qí qī rén zhī yú
智，适见其欺人之愚。

【注释】

① 讦：揭发别人的隐私或攻击别人的短处。

【译文】

喜欢攻击他人短处的人必然遭致灾祸，如果能够甘心做个愚蠢的人，那么这恰恰是他保全自身的智慧。喜欢夸耀自己的人多半会遭致他人耻笑，自以为聪明无比，这种做法恰恰体现了他自欺欺人的愚蠢。

xián xiá chū yú jīng qín tián shì chū yú wèi jù wú sī
闲暇出于精勤，恬适出于畏惧。无思
chū yú néng lǜ dà dǎn chū yú xiǎo xīn
出于能虑，大胆出于小心。

【译文】

悠闲自得实际上是源于勤奋刻苦，安闲适意实际上是源于恭敬畏惧。无需过多忧虑实际上是源于善于思考，胆大敢为实际上是源于谨慎小心。

píng kāng zhī zhōng yǒu xiǎn yīn yān rèn xí zhī nèi
平康之中①，有险阴焉。衽席之内②，
yǒu zhèn dú yān yī shí zhī jiān yǒu huò bài yān
有鸩毒焉③。衣食之间，有祸败焉。

【注释】

① 平康：平安。

② 衽席：泛指卧席，即睡觉的地方。

③ 鸩毒：毒酒，引申为毒害、加害。

【译文】

看似平安的环境中，可能已经潜伏着危险和阴谋。卧席之上看似关系亲近，可能已经产生了加害的念头。穿衣吃饭之事看似平常，如果不加注意，就会产生灾祸与失败的苗头。

jū ān lǜ wēi chǔ zhì sī luàn
居安虑危，处治思乱。

【译文】

身处和平安宁的环境时，要常常想到可能出现的危难；身处太平之世时，要常常想到可能到来的动荡混乱。

tiān xià zhī shì yǐ jiàn ér chéng tiān xià zhī shì yǐ jī ér gù
天下之势，以渐而成；天下之事，以积而固。

【译文】

世界上万物的发展态势都是在渐进中逐步形成的；社会上事情的发展进程都是在积累中逐步巩固的。

huò dào xiū chóu yě yào huì jiù fú lái xiū xǐ yě yào huì shòu
祸到休愁，也要会救；福来休喜，也要会受。

【译文】

灾祸到来时不要一味发愁，要寻求办法补救；好事到来时不要只顾高兴，要懂得如何享受。

tiān yù huò rén xiān yǐ wēi fú jiāo zhī tiān yù fú rén xiān yǐ wēi huò jǐng zhī
天欲祸人，先以微福骄之①；天欲福人，先以微祸儆之②。

【注释】

① 骄：自满，自大。

② 儆：使人警醒，不犯过错。

【译文】

如果上天想让谁遭受灾祸，必定先给一点甜头使其自满自大；如果上天想让谁享有福气，必定先给一点苦头使其警醒而不会犯错。

ào màn zhī rén zhòu dé tōng xiǎn tiān jiāng zhòng xíng zhī yě
傲慢之人骤得通显[1]，天将重刑之也[2]；
shū fàng zhī rén jiān yú jìn qǔ tiān jiāng qū shè zhī yě
疏放之人艰于进取[3]，天将曲赦之也[4]。

【注释】

① 骤：突然。 通显：官位高，名声大。

② 刑：对罪犯的处罚，此处泛指惩罚。

③ 疏放：放纵，不受拘束。

④ 曲赦：特赦，此处指宽容、宽恕。

【译文】

如果傲慢的人突然获得晋升而声名显赫，那么上天将会重重地惩罚他；如果放纵散漫的人能够艰苦奋斗、努力进取，那么上天将会宽容地对待他。

xiǎo rén yì yǒu tǎn dàng dàng chù wú suǒ jì dàn shì yǐ
小人亦有坦荡荡处，无所忌惮是已[1]；
jūn zǐ yì yǒu cháng qī qī chù zhōng shēn zhī yōu shì yǐ
君子亦有长戚戚处[2]，终身之忧是已。

【注释】

① 忌惮：顾虑畏惧。

② 戚戚：忧惧、忧伤的样子。

【译文】

小人也有坦荡大气之处，不过是因为无所畏惧而已；君子也会有忧惧忧伤的时候，其实是因为始终忧国忧民而已。

shuǐ jūn zǐ yě qí xìng chōng qí zhì bái qí wèi dàn qí wéi yòng yě kě yǐ huàn bù jié zhě ér shǐ jié jí fèi tāng zhě tóu yǐ yóu yì zì fēn bié ér bù xiāng hùn chéng zāi jūn zǐ yě yóu xiǎo rén yě qí xìng huá qí zhì nì qí wèi nóng qí wéi yòng yě kě yǐ wū jié zhě ér shǐ bù jié tǎng gǔn yóu zhōng tóu yǐ shuǐ bì zhì jī bó ér bù xiāng róng chéng zāi xiǎo rén yě

水，君子也。其性冲，其质白，其味淡，其为用也，可以浣不洁者而使洁①，即沸汤者投以油，亦自分别而不相混，诚哉君子也。油，小人也。其性滑，其质腻②，其味浓，其为用也，可以污洁者而使不洁，倘滚油中投以水，必至激搏而不相容，诚哉小人也。

【注释】

①浣：洗。

②腻：积污，污垢。此处指污秽。

【译文】

君子如水，性情中和，本质纯洁，给人平和清淡之感，君子的作用在于洗涤不干净的东西而使其干净清洁，即便在沸腾的开水中倒入油，也会各自分开不相混溶，这便是君子啊！小人如油，性情油滑，本质污秽，给人浓稠油腻之感，小人的作用在于污染本来干净的东西使其肮脏，倘若向翻滚的油中倒入水，必然形成激烈的接触并互不相容，这便是小人啊！

fán yáng bì gāng gāng bì míng míng zé yì zhī fán yīn bì róu róu bì àn àn zé nán cè

凡阳必刚，刚必明，明则易知；凡阴必柔，柔必暗，暗则难测。

【译文】

凡是性格外向的人，为人必定刚直，为人刚直的人处事必定光明磊落，处事光明磊落便容易为他人所了解；凡是性格内向的人，为人必定柔和，为人柔和的人处事必定谨慎细心且不好张扬，处事谨慎而不声张便使人难以猜测。

chēng rén yǐ yán zǐ　wú bù yuè zhě　wàng qí pín jiàn ér yāo
称人以颜子[①]，无不悦者，忘其贫贱而夭；
zhǐ rén yǐ dào zhí　wú bù nù zhě　wàng qí fù guì ér shòu
指人以盗跖，无不怒者，忘其富贵而寿。

【注释】

① 颜子：即颜回，孔子弟子中德行最高者，不幸早亡。

【译文】

被人称为颜回，没有人不高兴，因为人们只注意颜回德行的高尚而忘记了他的贫贱和早亡；被人称为盗跖，没有人不生气，因为人们只注意盗跖为非作歹而忘记了他的富贵和长寿。

shì shì nán shàng nán　jǔ zú cháng yú shī zhuì　jiàn jiàn
事事难上难，举足常虞失坠[①]；件件
xiǎng yī xiǎng　hún shēn dōu shì guò chā
想一想，浑身都是过差。

【注释】

① 举足：举动，作为。 虞：预料，防备。 失坠：失落，失去。此处指失败。

【译文】

做每一件事其实都很难，因为必须时常防备将会到来的失败；做每一件事其实都应仔细想想，因为浑身上下都有造成过失差错的可能。

nù yí shí lì xiāo róng　guò yào xì xīn jiǎn diǎn
怒宜实力消融[①]，过要细心检点[②]。

【注释】

①实力：切实用力。　消融：融化，消失。此处指消除。

②检点：检查，查看。

【译文】

怒气应当切实用力消除，过错应当细心检查改正。

tàn lǐ yí róu yōu róu hán yǒng shǐ kě zì dé jué yù yí gāng yǒng měng fèn xùn shǐ kě yǐ zì xīn

探理宜柔，优柔涵泳①，始可自得；决欲宜刚，勇猛奋迅，始可以自新。

【注释】

①优柔：态度从容。　涵泳：深入领会。

【译文】

探究事理应当柔缓渐进，从容探索深入领会，这样才能有所收获；禁决欲望应当刚强果断，勇敢有力行动迅速，这样才能获得自新。

chéng fèn zhì yù qí xiàng wéi sǔn dé lì zài yī rěn zì qiān shàn gǎi guò qí xiàng wéi yì dé lì zài yī huǐ zì

惩忿窒欲，其象为损①，得力在一忍字；迁善改过②，其象为益③，得力在一悔字。

【注释】

①损：指“损”卦，其主要思想是告诉人们要有所割舍有所克制，才能有所收获和保全。

②迁善：改过向善。

③益：指“益”卦，其主要思想是告诉人们通过改正和克制自己，会使自己有更大的收获。

【译文】

压制忿怒控制欲望，就像“损”卦所表示的那样，关键在于忍耐。改正错误一心向善，就像“益”卦所表示的那样，关键在于悔悟。

fù guì rú zhuàn shè wéi jǐn shèn kě dé jiǔ jū pín
富贵如传舍①，惟谨慎可得久居；贫
jiàn rú bì yī wéi qín jiǎn kě yǐ tuō xiè
贱如敝衣②，惟勤俭可以脱卸。

【注释】

①传舍：古时供行人休息住宿的处所，即旅店。

②敝衣：破旧的衣服。

【译文】

富贵好比旅店，唯有谨慎才可以长久居住下去；贫贱好比破衣，唯有勤俭才能将它脱去。

jiǎn zé yuē yuē zé bǎi shàn jù xīng chǐ zé sì
俭则约①，约则百善俱兴；侈则肆，
sì zé bǎi è jù zòng
肆则百恶俱纵。

【注释】

①约：约束，限制。

【译文】

人生活勤俭了，对自己便有所约束，有了对自己的约束，诸多美好的德行便会产生；人生活奢侈了，便会变得傲慢放肆，人一旦变得傲慢放肆，诸多丑恶的行径便会更加放纵。

shē zhě fù bù zú jiǎn zhě pín yǒu yú shē zhě xīn cháng
奢者富不足，俭者贫有余；奢者心常
pín jiǎn zhě xīn cháng fù
贫，俭者心常富。

【译文】

生活奢侈的人虽然富裕但却仍然感到不足，生活俭朴的人虽然贫穷但却仍能感到有余；生活奢侈的人心里常常感到贫穷，生活节俭的人心里常常感到富足。

tān tāo yǐ zhāo rǔ bù ruò jiǎn ér shǒu lián gān qǐng yǐ
贪饕以招辱①，不若俭而守廉。干请以
fàn yì bù ruò jiǎn ér quán jié qīn móu yǐ jù yuàn bù
犯义②，不若俭而全节。侵牟以聚怨③，不
ruò jiǎn ér yǎng xīn fàng sì yǐ suì yù bù ruò jiǎn ér ān xìng
若俭而养心。放肆以遂欲，不若俭而安性。

齐白石绘《廉直》

该画作借用“莲”与“廉”的谐音，意在表明人们应当保持廉洁、正直的品性。

【注释】

① 贪饕：贪得无厌。

② 干请：请托。　犯义：损害道义。

③ 侵牟：侵害掠夺。

【译文】

因贪得无厌而招致侮辱，不如勤俭生活而坚守清廉。因请托他人求取官职而损害道义，不如勤俭生活而保全节操。因侵夺他人财物而积聚怨恨，不如勤俭生活而修养身心。因满足欲望而放纵自己，不如勤俭生活而安定性情。

jìng zuò　rán hòu zhī píng rì zhī qì fú　shǒu mò　rán
静坐，然后知平日之气浮。守默，然
hòu zhī píng rì zhī yán zào　xǐng shì　rán hòu zhī píng rì zhī
后知平日之言躁。省事，然后知平日之
xīn máng　bì hù　rán hòu zhī píng rì zhī jiāo làn　guǎ
心忙。闭户，然后知平日之交滥①。寡
yù　rán hòu zhī píng rì zhī bìng duō　jìn qíng　rán hòu zhī
欲，然后知平日之病多。近情②，然后知
píng rì zhī niàn kè
平日之念刻。

【注释】

① 交滥：交友不加选择。

② 近情：思考问题从人之常情出发。

【译文】

静坐时，才能体会到平时心境是多么浮躁。沉默时，才能体会到平时说话是多么的不冷静。自我反省时，才能体会到平时内心的忙乱。闭门谢客时，才能体会到平时交友的不加选择。减少欲望后，才能体会到平时心存太多的忧虑和欲望。思考问题从人之常情出发，才能体会到自己平时想法的刻薄。

wú bìng zhī shēn　bù zhī qí lè yě　bìng shēng shǐ zhī wú
无病之身，不知其乐也，病生始知无
bìng zhī lè　wú shì zhī jiā　bù zhī qí fú yě　shì zhì shǐ
病之乐；无事之家，不知其福也，事至始
zhī wú shì zhī fú
知无事之福。

【译文】

身体没有疾病时，意识不到这就是快乐，一旦生了病方才意识到没病时的快乐；家里太平无事时，意识不到这就是幸福，一旦出了事方才意识到平安无事才是幸福。

yù xīn zhèng chì shí yī niàn zhuó bìng xīng sì hán bīng
欲心正炽时[①]，一念著病，兴似寒冰；
lì xīn zhèng chì shí yī xiǎng dào sǐ wèi tóng jiáo là
利心正炽时，一想到死，味同嚼蜡[②]。

【注释】

①炽：热烈，旺盛。

②嚼蜡：比喻无味。

【译文】

欲望的念头正盛时，一想到会因纵欲而生病，兴致便会同寒冰一样骤然冷却下来；贪利的想法正盛时，一想到将来终究会死，贪念便会变得索然无味。

yǒu yī lè jìng jiè jí yǒu yī bù lè zhě xiāng duì dài yǒu
有一乐境界，即有一不乐者相对待[①]；有
yī hǎo guāng jǐng biàn yǒu yī bù hǎo de xiāng chéng chú
一好光景[②]，便有一不好底相乘除[③]。

【注释】

①对待：相对。

②光景：光阴，时光。

③乘除：抵消。

【译文】

有一种令人快乐的情况，便有一种令人不快的情况与之相对；有一段美好的时光，便有一段不美好的时光与之相抵消。

shì bù kě zuò jìn yán bù kě dào jìn shì bù kě zhàng
事不可做尽，言不可道尽，势不可仗
jìn fú bù kě xiǎng jìn
尽，福不可享尽。

【译文】

做事不可做尽做绝，说话不可说尽说绝，权势不可过分依仗，福气不可享用殆尽。

bù kě chī jìn　bù kě chuān jìn　bù kě shuō jìn　yòu yào dǒng dé　yòu yào zuò dé　yòu yào nài dé

不可吃尽，不可穿尽，不可说尽；又要懂得，又要做得，又要耐得。

【译文】

不可吃尽，不可穿尽，不可说尽，这些道理不但要懂，而且还要去做，更重要的是坚持得住。

nán xiāo zhī wèi xiū shí　nán dé zhī wù xiū xù　nán chóu zhī ēn xiū shòu　nán jiǔ zhī yǒu xiū jiāo　nán zài zhī shí xiū shī　nán shǒu zhī cái xiū jī　nán xuě zhī bàng xiū biàn　nán shì zhī fèn xiū jiào

难消之味休食，难得之物休蓄，难酬之恩休受①，难久之友休交，难再之时休失，难守之财休积，难雪之谤休辩，难释之忿休较②。

【注释】

① 酬：报答。

② 释：消除。

【译文】

难以消化的食物不要吃，难以获得的财物不要储藏，难以报答的恩情不要接受，难以长久的朋友不要交往，难以再来的好时光不要浪费，难以守护的财物不要积攒，难以消除的诽谤不要辩驳，难以释怀的忿怒不要计较。

fàn xiū bù jiáo biàn yàn　lù xiū bù kàn biàn zǒu　huà xiū bù

饭休不嚼便咽，路休不看便走，话休不

xiǎng biàn shuō shì xiū bù xiǎng biàn zuò yī xiū bù shèn biàn
想便说，事休不想便做，衣休不慎便
tuō cái xiū bù shěn biàn qǔ qì xiū bù rěn biàn dòng yǒu
脱，财休不审便取①，气休不忍便动，友
xiū bù zé biàn jiāo
休不择便交。

《千字文》《弟子规》是旧时传统的启蒙教材，《弟子规》中“事勿忙，忙多错，勿畏难，勿轻略”等句也教导人们做事情要稳重谨慎，不可急躁盲动。

【注释】

① 审：仔细思考。

【译文】

饭不要没嚼烂就往下咽，路不要还没看就往前走，话不要没思考就随口说，事不要没考虑周全就开始做，衣服不要不慎重随便脱，财物不要不加思考就拿，怒气不要不加忍耐就发作，朋友不要不加选择就交往。

wéi shàn rú fù zhòng dēng shān zhì suī yǐ què ér lì
为善如负重登山，志虽已确，而力
yóu kǒng bù jí wéi è rú chéng jùn zǒu bǎn biān suī bù
犹恐不及；为恶如乘骏走坂①，鞭虽不
jiā ér zú bù jìn qí qián
加，而足不禁其前②。

【注释】

①坂：山坡，斜坡。

②禁：止，停。

【译文】

为善就好比背着重物爬山，志向虽然已经确立，但仍担心力不从心；作恶就好比骑着骏马走下坡路，即使不用鞭子抽，马蹄也仍然不停向前。

fáng yù rú wǎn nì shuǐ zhī zhōu　cái xiē shǒu　biàn xià liú
防欲如挽逆水之舟[1]，才歇手，便下流；
wéi shàn rú yuán wú zhī zhī shù　cái zhù jiǎo　biàn xià zhuì
为善如缘无枝之树[2]，才住脚，便下坠。

【注释】

①挽：拉，牵引。

②缘：沿着，顺着。此处引申为攀爬。

【译文】

防止欲望就好比牵拉逆流行驶的船，手一停下来，船便顺流向下了；为善就好比攀爬没有旁枝侧叉的大树，脚一停下来，身体便向下坠落。

dǎn yù dà　xīn yù xiǎo　zhì yù yuán　xíng yù fāng
胆欲大，心欲小，智欲圆，行欲方。

【译文】

人的胆量要大，心思要细密，智慧要圆融，品行要方正。

zhēn shèng xián　jué fēi yū fǔ　zhēn háo jié　duàn bù cū shū
真圣贤，绝非迂腐；真豪杰，断不粗疏。

【译文】

真正的圣贤，绝不是迂腐的人；真正的豪杰，断然不是粗野狂放的人。

lóng yín hǔ xiào fèng zhù luán xiáng dà zhàng fū zhī qì xiàng
龙吟虎啸，凤翥鸾翔①，大丈夫之气象；
cán jiǎn zhū sī yǐ fēng yǐn jié ér nǚ zǐ zhī jīng yíng
蚕茧蛛丝，蚁封蚓结②，儿女子之经营③。

【注释】

①翥：飞翔。 鸾：传说中像凤凰一类的鸟。

②蚁封：蚂蚁窝。 蚓结：像蚯蚓一样屈曲。

③经营：筹划经营。

【译文】

如龙虎般吟啸，似凤鸾般飞翔，这是大丈夫的气派；像蚕蛹结茧、蜘蛛吐丝，蚂蚁筑穴、蚯蚓蜷缩，这是小人的谋划经营。

gé gé bù tǔ cì cì bù xiū zǒng shì yī bān yǔ bìng qǐng yǐ yīng gē yàn yǔ liáo zhī liàn liàn bù shě hū hū ruò wàng gè yǒu yī zhǒng qíng chī dāng yǐ yuān fēi yú yuè huà zhī
格格不吐①，刺刺不休②，总是一般语病，请以莺歌燕语疗之③；恋恋不舍，忽忽若忘④，各有一种情痴⑤，当以鸢飞鱼跃化之⑥。

【注释】

①格格：形容有心事。

②刺刺：形容多言。

③莺歌燕语：本意是黄鹂歌唱，燕子呢喃，形容春天的美好景象。此处引申为说话当讲则讲，当止则止。

④忽忽：迷糊，恍惚。

⑤情痴：痴情，痴迷。

⑥鸢飞鱼跃：鹰在天空飞翔，鱼在水中腾跃，形容万物各得其所。此处引申为顺其自然，心态平淡。鸢，老鹰。

【译文】

心事重重一个字也不说，唠唠叨叨说个没完，都是平常人说话爱犯的毛病，请学习莺歌燕语，当讲则讲，当止则止。恋恋不舍，迷糊多忘，都是一种痴迷的状态，应当如同鸢飞鱼跃一般，顺其自然。

wèn xiāo xī yú shī guī　yí tuán kōng jié　qí fú zhǐ yú ào zào　shē xiǎng tú láo

问消息于蓍龟①，疑团空结；祈福祉于奥灶②，奢想徒劳。

【注释】

① 消息：征兆，端倪。 蓍龟：蓍草与龟甲，古人用以占卜吉凶。

② 奥灶：指奥神和灶神。屋内西南角叫奥，古人认为那里有神，称为奥神。灶神，灶旁管烹饪做饭的神。

【译文】

通过用蓍草和龟甲占卜来了解吉凶，只能凭空结下更多疑团；向奥神和灶神祈求福祉，不过是奢望，最终徒劳无功。

qiān　měi dé yě　guò qiān zhě huái zhà　mò　yì xíng yě　guò mò zhě cáng jiān

谦，美德也，过谦者怀诈；默，懿行也，过默者藏奸。

【译文】

谦逊是一种美德，但太过谦逊的人有可能心怀狡诈；沉默是一种美好的品行，但太过沉默的人有可能心怀奸巧。

zhēn bù fàn huò　hé bù hài yì

真不犯祸，和不害义。

【译文】

为人正直，但不要因此而招致灾祸；为人和善，但不要因此而损害道义。

yuán róng zhě wú guǐ suí zhī tài jīng xì zhě wú kē chá zhī xīn fāng zhèng zhě wú guāi fú zhī shī chén mò zhě wú yīn xiǎn zhī shù chéng dǔ zhě wú zhuī lǔ zhī lèi guāng míng zhě wú qiǎn lù zhī bìng jìn zhí zhě wú jìng qíng zhī piān zhí chí zhě wú jū nì zhī jì mǐn liàn zhě wú qīng fú zhī zhuàng

圆融者无诡随之态①，精细者无苛察之心，方正者无乖拂之失②，沉默者无阴险之术，诚笃者无椎鲁之累③，光明者无浅露之病，劲直者无径情之偏④，执持者无拘泥之迹⑤，敏练者无轻浮之状。

【注释】

①诡随：不顾是非，妄随人意。

②乖：乖张。　拂：违背，不顺。

③椎鲁：愚钝，鲁钝。

④径情：任性，任意。

⑤执持：操守。

【译文】

真正圆融随和的人不会有不顾是非曲直而妄随人意的神态，真正精明细密的人不会有苛刻挑剔的想法，真正品行方正的人不会有与他人格格不入的乖张行为，真正沉默寡言的人内心不会有阴险的念头，真正诚实敦厚的人不会有愚钝的苦恼，真正光明磊落的人不会有浅陋的毛病，真正刚直的人不会有任性的偏失，真正有操守的人不会有固执不知变通的表现，真正敏捷干练的人不会有轻浮的状态。

cái bù zú zé duō móu shí bù zú zé duō shì wēi bù zú zé duō nù xìn bù zú zé duō yán yǒng bù zú zé duō láo míng bù zú zé duō chá lǐ bù zú zé duō biàn qíng bù zú zé duō yí

才不足则多谋，识不足则多事，威不足则多怒，信不足则多言，勇不足则多劳，明不足则多察，理不足则多辩，情不足则多仪。

【译文】

才智不多的人好出谋划策，见识不多的人好生事端，威严不足的人好发脾气，诚信不足的人爱多说话，勇敢不足的人多受劳累，精明不足的人多关注于细小问题，理由不充分的人好发辩论，情义不足的人好讲究礼仪。

sī ēn xù gǎn rén zhī zéi yě zhí wǎng qīng dān yì zhī zéi yě zú gōng wěi tài lǐ zhī zéi yě kē chá qí yí zhì zhī zéi yě gǒu yuē gù shǒu xìn zhī zéi yě

私恩煦感①，仁之贼也②。直往轻担③，义之贼也。足恭伪态④，礼之贼也。苛察歧疑⑤，智之贼也。苟约固守⑥，信之贼也。

【注释】

① 私恩：私人的恩惠。 煦：温暖。

② 贼：害，伤害。

③ 直往：草率行事。 轻担：不承担责任。

④ 足恭：过度恭敬，以取媚于人。

⑤ 苛察：以繁琐苛刻为明察。 歧疑：多疑。

⑥ 苟约：随便约定。苟，随便。

【译文】

以私人的名义施舍恩惠使人感到温暖，这是对仁的伤害。草率行事而不负责任，这是对义的伤害。过度谦敬、神态虚伪，这是对礼的伤害。以繁琐苛刻为明察且内心多疑，这是对智的伤害。随便与人立约便要求信守，这是对信的伤害。

yǒu shā zhī wéi rén shēng zhī wéi bù rén zhě yǒu qǔ zhī wéi yì yǔ zhī wéi bù yì zhě yǒu bēi zhī wéi lǐ zūn zhī wéi fēi lǐ zhě yǒu bù zhī wéi zhì zhī zhī wéi bù zhì zhě

有杀之为仁，生之为不仁者。有取之为义，与之为不义者。有卑之为礼，尊之为非礼者。有不知为智，知之为不智者。

yǒu wéi yán wéi xìn　jiàn yán wéi fēi xìn zhě
有违言为信，践言为非信者。

【译文】

有那么一种人，杀掉他是仁而让他活下来反而是不仁。有那么一种人，夺取他的财物是义而给予他财物反而是不义。有那么一种人，用卑贱的方式对待他合于礼而用尊敬的方式对待他却不合礼。有那么一种人，对他而言什么都不知道才是智而一旦他什么都知道了便是不智。有那么一种情况，违背了诺言是信而履行了诺言反而是不信。

yú zhōng yú xiào　shí néng wéi tiān dì gāng cháng　xī bù yù shèng rén zāi chéng　wèi cháng rù shì　dà zhà dà jiān　piān huì jiàn shì jiān gōng yè　tǎng fēi yǒu yīng zhǔ jià yù　zhōng bì tiào liáng
愚忠愚孝①，实能维天地纲常②，惜不遇圣人栽成③，未尝入室④；大诈大奸，偏会建世间功业，倘非有英主驾驭，终必跳梁⑤。

【注释】

①愚忠愚孝：盲目地尽忠尽孝。

②纲常："三纲五常"的简称，"三纲"即"君为臣纲，父为子纲，夫为妻纲"，"五常"即"仁、义、礼、智、信"，代指封建社会的伦理道德体系。

③栽成：点拨，指点。

④入室：比喻学问或技能已达到深奥的境界。

⑤跳梁：即跳梁小丑，形容猖狂捣乱而没有多大能耐的丑恶之徒。

【译文】

盲目尽忠尽孝的人，的确能够维系社会的伦理道德体系，只可惜没得到圣人的指点，便无法上升到更高的境界。极其奸诈的人偏偏能够建功立业，倘若没有英明的君主驾驭，最后必定成为跳梁小丑。

zhī qí bù kě wéi ér suì wěi xīn rèn zhī zhě dá rén zhì
知其不可为而遂委心任之者①，达人智
shì zhī jiàn yě zhī qí bù kě wéi ér yì jié lì tú zhī zhě
士之见也；知其不可为而亦竭力图之者②，
zhōng chén xiào zǐ zhī xīn yě
忠臣孝子之心也。

四川成都武侯祠

诸葛亮为光复汉室“鞠躬尽瘁，死而后已”，毕生尽忠于蜀汉，杜甫以“诸葛大名垂宇宙，宗臣遗像肃清高”来称赞他的忠诚。武侯祠是纪念诸葛亮的祠堂，又称汉昭烈庙。

【注释】

① 委心：把心放下。

② 图：谋取，希望得到。

【译文】

知道事情不可能做到，于是便放下了心任其自然，这是通达智慧之人的见解；知道事情不可能做到，但仍用尽全力希望能够做好，这是忠臣孝子的想法。

xiǎo rén zhǐ pà tā yǒu cái，yǒu cái yǐ jì zhī，liú hài wú qióng；jūn zǐ zhǐ pà tā wú cái，wú cái yǐ xíng zhī，suī xián hé bǔ。

小人只怕他有才，有才以济之，流害无穷；君子只怕他无才，无才以行之，虽贤何补。

【译文】

就怕小人有才能，小人得到才能的帮助，便会为害无穷；就怕君子没有才能，君子想要有所作为却没有才能，即使贤德又有什么用呢？

养生类

【题解】

本章主要讨论如何保养身体。编者承袭中国古代传统的医学和养生思想，将“养心”和“养身”并举，并结合顺应外部节气变化的观点以及五行思想，总结出一套养生心得。在编者看来，“养心”就是使心气平和、宁静安详，从心中去除各种不好的欲望。“养身”主要指顺应外界自然时节的变化来调节生活，并懂得有所节制，从生活中去除各种不好的欲望。同时，编者提醒人们，年轻时的放纵享乐和不加节制往往会导致年老时的疾病缠身。中医五行思想在本章也有提及，人的五种情绪与人的五脏有对应关系，一旦某种情绪过度就会对相应的脏器造成伤害，所以人的情绪也要有所节制。本章的许多养生心得都以中医理论作为依据，时至今日仍对我们的生活有指导意义。

shèn fēng hán　jié yǐn shí　shì cóng wú shēn shàng què bìng fǎ　guǎ shì yù　jiè fán nǎo　shì cóng wú xīn shàng què bìng fǎ

慎风寒①，节饮食，是从吾身上却病法②；寡嗜欲，戒烦恼，是从吾心上却病法。

【注释】

① 慎：小心，注意。

② 却：去掉，袪除。

【译文】

注意冷风寒气，节制饮食，这是从自己身上去除疾病的方法；减少不良嗜好和欲望，消除烦恼，这是从自己心里去除疾病的方法。

湖南曾国藩故居富厚堂

曾国藩在家书中训诫子弟要以“节劳、节欲、节饮食，时时当作养病”为保身养生之法。

shǎo sī lǜ yǐ yǎng xīn qì guǎ sè yù yǐ yǎng shèn qì
少思虑以养心气①，寡色欲以养肾气，
wù wàng dòng yǐ yǎng gǔ qì jiè chēn nù yǐ yǎng gān qì bó
勿妄动以养骨气，戒嗔怒以养肝气②，薄
zī wèi yǐ yǎng wèi qì shěng yán yǔ yǐ yǎng shén qì duō
滋味以养胃气③，省言语以养神气④，多
dú shū yǐ yǎng dǎn qì shùn shí lìng yǐ yǎng yuán qì
读书以养胆气，顺时令以养元气⑤。

【注释】

① 养：使身心得到滋养和休息。

② 嗔怒：恼怒，愤怒。

③ 薄滋味：饮食清淡。

④ 神气：即精神。

⑤ 顺时令：即人的行为要顺应时节的变换。时令，季节，节令。　元气：中医术语，指人体的“正气”，与“邪气”相对。

【译文】

减少思虑来养护心气，减少色欲来养护肾气，不盲目乱动来养护骨气，戒除愤怒来养护肝气，饮食清淡来养护胃气，少说话来养护精神，多读书来养护胆气，顺应时令来养护元气。

yōu chóu zé qì jié fèn nù zé qì nì kǒng jù zé qì
忧愁则气结，忿怒则气逆①，恐惧则气
xiàn jū pò zé qì yù jí jù zé qì hào
陷②，拘迫则气郁③，急遽则气耗④。

【注释】

① 逆：不顺畅。

② 陷：下沉，此处指消沉。

③ 拘迫：束缚，限制。

④ 急遽：匆忙，急切。

【译文】

内心忧愁便会精神郁结，内心忿怒便会情绪不畅，内心恐惧便会神志消沉，内心拘谨便会心情郁闷，内心急切便会精神耗损。

xíng yù xú ér wěn　lì yù dìng ér gōng　zuò yù duān ér zhèng　shēng yù dī ér hé

行欲徐而稳，立欲定而恭，坐欲端而正，声欲低而和。

【译文】

走路应当缓慢而稳重，站立应当稳定而恭敬，坐姿应当端庄而方正，说话应当低沉而温和。

xīn shén yù jìng　gǔ lì yù dòng　xiōng huái yù kāi　jīn hái yù yìng　jǐ liáng yù zhí　cháng wèi yù jìng　shé duān yù juǎn　jiǎo gēn yù dìng　ěr mù yù qīng　jīng hún yù zhèng

心神欲静，骨力欲动①。胸怀欲开，筋骸欲硬②。脊梁欲直，肠胃欲净。舌端欲卷，脚根欲定。耳目欲清，精魂欲正。

【注释】

①骨力：体力，此处指身体。

②筋骸：指筋骨。

【译文】

心神应当保持平静，身体应当多加运动。胸怀应当开阔，筋骨应当保持强健硬朗。脊梁应当挺直，肠胃应当保持通畅。舌头常卷，应当尽力做到沉默少言；脚根站稳，应当坚持正确的原则和立场。耳目应当清净，不好的东西不听、不看；心思应当放正，不好的念头不思、不想。

duō jìng zuò yǐ shōu xīn　guǎ jiǔ sè yǐ qīng xīn　qù shì yù yǐ yǎng xīn　wán gǔ xùn yǐ jǐng xīn　wù zhì lǐ yǐ míng xīn

多静坐以收心，寡酒色以清心，去嗜欲以养心，玩古训以警心①，悟至理以明心。

【注释】

①玩：细心体会。

【译文】

经常静坐使心神得到收敛，少贪杯好色使内心得到清静，去除嗜好欲望使内心得到修养，细心体会历代古训使内心受到警醒，感悟至理名言使内心变得明朗。

chǒng rǔ bù jīng gān mù zì níng dòng jìng yǐ jìng
宠辱不惊①，肝木自宁②。动静以敬，
xīn huǒ zì dìng yǐn shí yǒu jié pí tǔ bù xiè diào xī guǎ
心火自定。饮食有节，脾土不泄。调息寡
yán fèi jīn zì quán tián dàn guǎ yù shèn shuǐ zì zú
言③，肺金自全。恬淡寡欲，肾水自足。

五行	五脏	六腑	季节	情绪	五官	五味	形体
木	肝	胆	春	怒	目	酸	筋
火	心	小肠	夏	喜	舌	苦	脉
土	脾	胃	长夏	思	口	甘	肉
金	肺	大肠	秋	悲	鼻	辛	皮毛
水	肾	膀胱	冬	恐	耳	咸	骨

五行五脏图
五行五脏图展示了中医观念中五行与身体五脏等的对应关系。

【注释】

①宠辱不惊：受宠或受辱都不放在心上，指不因得失而动心。

②肝木：即肝，中医以金、木、水、火、土五行对应肺、肝、肾、心、脾五脏。下句中的心火、脾土、肺金、肾水，也是如此。

③调息：调节呼吸。

【译文】

人如果不因外物得失而动心，那么肝气自然平静。无论动静都能保持谨慎，那么内心自然安定。饮食有节制，那么脾胃自然不会受到损伤。调节呼吸少说话，那么肺气自然得以保全。淡薄声色少欲望，那么肾气自然充足。

dào shēng yú ān jìng　dé shēng yú bēi tuì　fú shēng yú qīng jiǎn　mìng shēng yú hé chàng
道生于安静，德生于卑退，福生于清俭，命生于和畅[1]。

【注释】

① 和畅：温和畅达。

【译文】

道是在安静平和中感悟出来的，德是在谦卑退让中培养出来的，福是在清贫节俭中积累起来的，命是在温和畅达中造就的。

tiān dì bù kě yī rì wú hé qì　rén xīn bù kě yī rì wú xǐ shén
天地不可一日无和气[1]，人心不可一日无喜神。

【注释】

① 和气：此处指带来吉利的祥瑞之气。

【译文】

天地自然不可一日没有祥瑞之气，人的心中不可一日没有欢喜之情。

zhuō zì kě yǐ guǎ guò　huǎn zì kě yǐ miǎn huǐ　tuì zì kě yǐ yuǎn huò　gǒu zì kě yǐ yǎng fú　jìng zì kě yǐ yì shòu
拙字可以寡过，缓字可以免悔，退字可以远祸，苟字可以养福[1]，静字可以益寿。

【注释】

① 养福：保持幸福。

【译文】

为人诚实谦逊可以使人少犯过错，办事从容不迫可以使人免于悔恨，遇事礼貌退让可以使人远离灾祸，生活安分而不挑剔可以使人保持幸福，内心宁静平和可以使人延年益寿。

wú yǐ wàng xīn qiāng zhēn xīn　wù yǐ kè qì shāng yuán qì
毋以妄心戕真心，勿以客气伤元气①。

【注释】

①客气：中医术语，指侵害人体的“邪气”。

【译文】

不要让虚妄荒谬的念头伤害了自己的真心本心，不要让外界的湿邪之气伤害到自己身体的正气。

fú yì chù yào qiǎn de guò　qīng kǔ rì yào shǒu de guò
拂意处要遣得过①，清苦日要守得过，
fēi lǐ lái yào shòu de guò　fèn nù shí yào nài de guò　shì yù
非理来要受得过，忿怒时要耐得过，嗜欲
shēng yào rěn de guò
生要忍得过。

河南淮滨的孙叔敖雕像

孙叔敖，春秋时期楚国名相，经历三起三落，却能淡然处之，没有丝毫怨恨和愤怒。

【注释】

①拂意：即不顺心。拂，违背，不顺。　遣：排解。

【译文】

处境不顺时要能自我排解，日子清苦时要能坚持得住，遭遇无理之事时要经受得起，怒气冲天时要忍耐得住，欲望萌生时要克制得住。

yán shì zhī jié zé qiān yóu shǎo jǔ dòng zhī jié zé huǐ lìn shǎo ài mù zhī jié zé yíng qiú shǎo huān lè zhī jié zé huò bài shǎo yǐn shí zhī jié zé jí bìng shǎo

言事知节，则愆尤少①。举动知节，则悔吝少②。爱慕知节，则营求少③。欢乐知节，则祸败少。饮食知节，则疾病少。

【注释】

①愆尤：过失，错误。

②悔吝：追悔，后悔。

③营求：谋求，要求。

【译文】

懂得节制言语，便会少犯错。懂得节制行为，便会少后悔。懂得节制爱慕，便会少谋求。懂得节制欢乐，便能减少灾祸。懂得节制饮食，便会少得疾病。

rén zhī yán yǔ zú yǐ zhāng wú dé ér bù zhī shèn yán yǔ nǎi suǒ yǐ yǎng wú dé rén zhī yǐn shí zú yǐ yì wú shēn ér bù zhī jié yǐn shí nǎi suǒ yǐ yǎng wú shēn

人知言语足以彰吾德，而不知慎言语乃所以养吾德；人知饮食足以益吾身，而不知节饮食乃所以养吾身。

【译文】

人们都知道说话可以彰显自己的德行，但却不知道说话谨慎才是对自身德行的培养；人们都知道饮食对身体有益，但却不知道节制饮食才是对自己身体的养护。

nào shí liàn xīn jìng shí yǎng xīn zuò shí shǒu xīn xíng shí yàn xīn yán shí shěng xīn dòng shí zhì xīn

闹时炼心，静时养心，坐时守心①，行时验心，言时省心，动时制心。

【注释】

①守心：此处指使心思沉静专一，没有私心杂念。

【译文】

热闹时磨炼内心，安静时养护内心，静坐时坚守内心，行动时检查内心，说话时反省内心，做事时控制内心。

róng kū yǐ fú cùn tián zì kāi shùn nì hé xū lì wèn
荣枯倚伏①，寸田自开顺逆②，何须历问
sài wēng xiū duǎn cēn cī sì tǐ zì zào péng shāng sì
塞翁③；修短参差④，四体自造彭殇⑤，似
nán zhuān jiù sī mìng
难专咎司命⑥！

【注释】

①荣枯：这里比喻人世盛衰。　倚伏：互相依存。

②寸田：即心。

③历问：遍问。　塞翁：不因外物得失而喜悲的达观之人，此处可直接理解为他人。

④修：长。　参差：不齐。

⑤四体：四肢，此处代指人的身体。　彭殇：即寿夭。彭，彭祖，代指高寿；殇，夭折，未成年而死。

⑥咎：怪罪，责怪。　司命：掌管生命的神。

【译文】

人世间的盛衰祸福都是互相依存的，顺逆福祸都生于自己的内心，哪里需要事事询问他人；寿命长短不齐，人的寿夭都是由自己身体决定的，如何能够怪罪天神！

jié yù yǐ qū èr shù xiū shēn yǐ qū sān péng ān
节欲以驱二竖①，修身以屈三彭②，安
pín yǐ tīng wǔ guǐ xī jī yǐ mǐ liù zéi
贫以听五鬼③，息机以弭六贼④。

【注释】

①二竖：即病魔。

②三彭：道教中的“三尸神”，彭姓，故称“三彭”，他们探查人的过错并向上天报告。

③听：顺从。五鬼：指智穷、学穷、文穷、命穷、交穷五种穷鬼。

④息机：息灭机心，使内心回归平淡自然。弭：平息，停止，消除。六贼：佛教用语，即色、声、香、味、触、法六尘。谓此六尘能以眼、耳等为媒介，损害善性。

【译文】

节制欲望来祛除疾病，修养身心来消灭邪念，安于贫困顺其自然，消除机心、平息欲望回归真善。

shuāi hòu zuì niè dōu shì shèng shí zuò de lǎo lái jí bìng dōu shì zhuàng nián zhāo de

衰后罪孽①，都是盛时作的；老来疾病，都是壮年招的。

【注释】

①罪孽：此处指苦难。

【译文】

衰败后遭受的苦难，都是处在强盛之时不知节制而埋下的；人老时得的疾病，都是青壮年时不知道爱惜身体而招致的。

bài dé zhī shì fēi yī ér xù jiǔ zhě dé bì bài shāng shēng zhī shì fēi yī ér hào sè zhě shēng bì shāng

败德之事非一，而酗酒者德必败；伤生之事非一，而好色者生必伤。

【译文】

败坏德行的事有很多，而酗酒之人的品德必定败坏；伤害身体的事有很多，而好色之人的身体必定损伤。

mù yǒu gēn zé róng gēn huài zé kū yú yǒu shuǐ zé
木有根则荣①，根坏则枯。鱼有水则
huó shuǐ hé zé sǐ dēng yǒu gāo zé míng gāo jìn zé
活，水涸则死②。灯有膏则明③，膏尽则
miè rén yǒu zhēn jīng bǎo zhī zé shòu qiāng zhī zé yāo
灭。人有真精，保之则寿，戕之则夭。

【注释】

①荣：草木茂盛。

②涸：水干。

③膏：油脂。

【译文】

树木有了根才会茂盛，根一旦坏死树木就会枯萎。鱼儿有了水才能存活，水一旦干涸鱼儿就会死掉。灯有了油脂才会明亮，油脂一旦燃尽灯就会熄灭。人有真精元气，加以保护才会长寿，加以伤害就会早亡。

敦品类

【题解】

本章主要讨论良好品行的培养。编者认为人的品格和德行是最重要的，然而培养高尚的品格和德行却并非易事。品德的培养是一个漫长而艰苦的过程，需要付出持久的努力。编者将君子和小人的品行进行了比较，使读者对品格的高下有更加直观的体会，还列举了一些具体生活中与人交往的行为准则。当身处不同的情况、面对不同的人时，如何为人处世才能坚守自己的节操？归根结底是要保持内心正直，为人坦荡，待人宽和，处世通达。编者还提出了对士大夫即读书人的一种期望，就是在现实生活中尽力将读书明理和修身养性相结合，不仅要成为踏实的治学之人，更要有关照天下苍生的责任感和使命感。时至今日，这些劝诫对我们每个人养成良好品格都有深刻的指导意义。

yù zuò jīng jīn měi yù de rén pǐn dìng cóng liè huǒ zhōng
欲做精金美玉的人品[1]，定从烈火中
duàn lái sī lì jiē dì xiān tiān de shì gōng xū xiàng bó bīng
锻来；思立揭地掀天的事功[2]，须向薄冰
shàng lǚ guò
上履过[3]。

【注释】

① 精金美玉：比喻纯洁完美的人或事物。

② 揭地掀天：指翻天覆地。

③ 薄冰：很薄的冰层，引申为凶险的环境。 履：走。

【译文】

要想塑造纯洁完美的品格，就必须在烈火般艰苦的环境中经受锻炼；要想成就翻天覆地的伟业，就必须不畏艰难敢于向凶险的环境前行。

rén yǐ pǐn wéi zhòng ruò yī diǎn bēi wū zhī xīn biàn fēi
人以品为重，若一点卑污之心[1]，便非
dǐng tiān lì dì hàn zǐ pǐn yǐ xíng wéi zhǔ ruò yǒu yī jiàn kuì zuò
顶天立地汉子；品以行为主，若有一件愧怍

zhī shì　jí fēi tài shān běi dǒu pǐn gé
之事[②]，即非泰山北斗品格[③]。

【注释】

①卑污：卑鄙肮脏。

②愧怍：惭愧。

③泰山北斗：比喻德高望重或有卓越成就而为人们所尊重敬仰的人。泰山极高，北斗最亮。

【译文】

为人以品德为重，如果有一点卑鄙肮脏的念头，便称不上是顶天立地的大丈夫；品德以践行为主，如果有一件让自己感到惭愧的事，便称不上泰山北斗般的品格。

rén zhēng qiú róng hū　jiù qí qiú zhī zhī shí　yǐ jí
人争求荣乎，就其求之之时，已极
rén jiān zhī wǔ rǔ　rén zhēng shì chǒng hū　jiù qí shì
人间之侮辱[①]；人争恃宠乎[②]，就其恃
zhī zhī shí　yǐ jí rén jiān zhī jiàn
之之时，已极人间之贱。

【注释】

①极：尽。

②恃宠：倚仗地位高的人对自己的宠爱。恃，倚仗。宠，泛指地位高的人对地位低的人的宠爱。

【译文】

人们不都在追求荣华富贵吗？其实，在追求荣华富贵的时候，就已经受尽了这世间的侮辱了。人们不都在追求地位高的人对自己的宠爱和关照吗？其实，在倚仗这种宠爱和关照的时候，就已经沦为这世间最卑贱的人了。

zhàng fū zhī gāo huá zhǐ zài yú gōng míng qì jié
丈夫之高华①，只在于功名气节②；
bǐ fū zhī xuàn yào dàn qiú zhū fú shì qǐ jū
鄙夫之炫耀③，但求诸服饰起居。

【注释】

①高华：高贵显赫。

②功名：功业和名望。 气节：志气和节操。

③鄙夫：庸俗浅陋的人。

【译文】

大丈夫的高贵显赫，只在于功名气节；庸俗浅陋之人炫耀的，不过是衣着佩饰、饮食起居而已。

ē yú qǔ róng nán zǐ chǐ wéi qiè fù zhī dào běn zhēn
阿谀取容①，男子耻为妾妇之道；本真
bù záo dà rén bù shī chì zǐ zhī xīn
不凿②，大人不失赤子之心。

【注释】

①阿谀：说别人爱听的话，迎合奉承。 取容：讨好别人。

②本真：真实情况，本来面目。 凿：穿凿附会，引申为矫揉造作。

【译文】

用阿谀奉承的手段讨好别人，男子汉以这种小妾行径为耻；率真做人不矫揉造作，大丈夫不丢失内心的纯洁善良。

jūn zǐ zhī shì shàng yě bì zhōng yǐ jìng qí jiē xià
君子之事上也，必忠以敬，其接下
yě bì qiān yǐ hé xiǎo rén zhī shì shàng yě bì chǎn yǐ
也，必谦以和；小人之事上也，必谄以
mèi qí dài xià yě bì ào yǐ hū
媚，其待下也，必傲以忽①。

【注释】

①忽：轻视，蔑视。

【译文】

君子对待地位比自己高的人，必定忠诚而恭敬，对待地位比自己低的人，必定谦虚而温和；小人对待地位比自己高的人，必定谄媚而奉承，对待地位比自己低的人，必定傲慢而轻蔑。

lì cháo bù shì hǎo shè rén　zì jū jiā bù shì hǎo chǔ shì
立朝不是好舍人[①]，自居家不是好处士[②]。
píng sù bù shì hǎo chǔ shì　yóu xiǎo shí bù shì hǎo xué shēng
平素不是好处士[③]，由小时不是好学生。

【注释】

①舍人：官名，此处代指官员。

②处士：本指有才德而隐居不仕的人，后亦泛指未做过官的士人。

③平素：平时，向来。

【译文】

在朝廷为官时不是个好官，是因为在家时就不是个有才德的人。平时不是什么有才德的人，是因为小时候就不是个好好学习的孩子。

zuò xiù cái rú chǔ zǐ　yào pà rén　jí rù shì rú xí fù
做秀才如处子，要怕人。即入仕如媳妇，
yào yǎng rén　guī lín xià rú ā pó　yào jiào rén
要养人。归林下如阿婆，要教人。

【译文】

尚未做官的读书人要像姑娘一样，时刻注意自己的品行以防止别人说闲话。做了官之后要像嫁了人的媳妇一样，能保养一方百姓。年老还乡之后要像慈祥的阿婆一样，以毕生的知识和经验来教育后人。

pín jiàn shí　yǎn zhōng bù zhuó fù guì　tā rì dé zhì bì
贫贱时，眼中不著富贵，他日得志必

bù jiāo fù guì shí yì zhōng bù wàng pín jiàn yī dàn tuì
不骄；富贵时，意中不忘贫贱，一旦退
xiū bì bù yuàn
休必不怨。

【译文】

贫贱时，眼中没有羡慕富贵的神色，将来得志一定不会骄横；富贵时，心中不忘贫贱，一旦离开官位心中也不会有什么抱怨。

guì rén zhī qián mò yán jiàn bǐ jiāng wèi wǒ qiú qí jiàn fù
贵人之前莫言贱，彼将谓我求其荐；富
rén zhī qián mò yán pín bǐ jiāng wèi wǒ qiú qí lián
人之前莫言贫，彼将谓我求其怜。

【译文】

在地位高的人面前不要说自己低贱，因为这样会让对方以为你在乞求他的推荐；在富人面前不要说自己贫穷，因为这样会让对方以为你在乞求他的怜悯。

xiǎo rén zhuān wàng rén ēn ēn guò zhé wàng jūn zǐ
小人专望人恩①，恩过辄忘②；君子
bù qīng shòu rén ēn shòu zé bì bào
不轻受人恩，受则必报。

【注释】

①恩：好处，深情厚谊。

②辄：就。

【译文】

小人总是期望能够得到他人给予的好处，然而在接受好处之后马上就忘记了；君子不轻易接受别人给予的好处，一旦接受了就一定会回报。

〔清〕诸健秋绘《漂母饭信》

君子不轻受人恩，受则必报。韩信年轻时曾受一位漂洗丝絮的老妇人的帮助，后来，他辅助刘邦建立了汉朝，功成名就，想起老太太的恩情，派人送她黄金一千两作为报答。这幅画描绘了这个故事。

chǔ zhòng yǐ hé guì yǒu qiáng yì bù kě duó zhī lì chí jǐ yǐ zhèng guì yǒu yuán tōng bù kě jū zhī quán

处众以和，贵有强毅不可夺之力；持己以正，贵有圆通不可拘之权①。

【注释】

①权：权变，变通。

【译文】

与大家相处要态度随和，但在保持随和的同时贵在有坚持原则立场的刚强毅力；对待自己要端正严格，但在保持端正严格的同时贵在有圆融通达不拘泥于原则的变通。

shǐ rén yǒu miàn qián zhī yù bù ruò shǐ rén wú bèi hòu zhī huǐ shǐ rén yǒu zhà chǔ zhī huān bù ruò shǐ rén wú jiǔ chǔ zhī yàn

使人有面前之誉，不若使人无背后之毁；使人有乍处之欢①，不若使人无久处之厌。

【注释】

① 乍：刚刚，表示时间短暂。

【译文】

使他人得到当面的赞誉，不如使他人没有背后的坏话；使他人有短暂相处的欢乐，不如使他人没有因交往久了而产生的厌恶之感。

mèi ruò jiǔ wěi hú qiǎo rú bǎi shé niǎo āi zāi xiū cǐ qī chǐ zhī qū bào tóng sān zú hǔ dú bǐ liǎng tóu shé xī hū huài ěr fāng cùn zhī dì

媚若九尾狐①，巧如百舌鸟②，哀哉修此七尺之躯；暴同三足虎，毒比两头蛇③，惜乎坏尔方寸之地！

【注释】

① 九尾狐：传说中的奇兽，比喻内心奸诈善于谄媚逢迎的人。

② 百舌鸟：鸣叫声音婉转圆滑的鸟，比喻内心阴险花言巧语的人。

③ 两头蛇：蛇之一种。因其尾圆钝，乍看颇像头，且有与头相同的行动习性，故而得名，古人传说见之者死。比喻阴险狠毒的人。

【译文】

谄媚逢迎像九尾狐，花言巧语像百舌鸟，堂堂七尺男儿有如此行径真是可悲；暴虐如同三足虎，狠毒好比两头蛇，人的心地如此败坏真是可惜啊！

dào chù yǔ lǚ xiào yī shǒu hé chóu yú tiān hé qīn yú dì zhōng zhāo chóu suàn wèn ěr xīn hé qīng yú mìng hé zhòng yú cái

到处伛偻①，笑伊首何仇于天②？何亲于地？终朝筹算，问尔心何轻于命？何重于财？

【注释】

① 伛偻：本指人弯腰驼背，此处引申为点头哈腰、低三下四地逢迎他人。

②伊首：即他的头。伊，他。首，头。

【译文】

到处低三下四地逢迎他人，可笑你的头和天有仇吗？和地有亲吗？整天都在谋划算计，问问自己的心为何这样轻视生命？为何如此看重钱财？

fù ér yīn qiú huàn qīng zī wū lì yǐ dú huò shī zhí
富儿因求宦倾资①，污吏以黩货失职②。

【注释】

①求宦：求取官职。 资：钱财，家产。

②黩货：贪污受贿。

【译文】

富家子弟为求取官职而倾尽家产，贪污官员因收受贿赂而丢掉官职。

qīn xiōng dì xī zhù bì hé fān zuò guā fēn shì dà fū ài qián shū xiāng huà wéi tóng chòu
亲兄弟析箸①，璧合翻作瓜分②；士大夫爱钱，书香化为铜臭。

【注释】

①析箸：即分家。箸，筷子。

②璧合：两璧相合，比喻美好的事物或人才结合在一起。 瓜分：如同切瓜一样分割或分配。

【译文】

亲兄弟因不和而分家，曾经美好和睦的家庭就此变得四分五裂；读书人爱钱，读书修身的高雅书香之气便沦为世俗贪财的铜臭味。

shì dà fū dāng wèi zǐ sūn zào fú bù dāng wèi zǐ sūn qiú fú jǐn jiā guī chóng jiǎn pǔ jiào gēng dú jī yīn dé cǐ zào fú yě guǎng tián zhái jié yīn yuán zhēng shí yī
士大夫当为子孙造福，不当为子孙求福。谨家规，崇简朴，教耕读，积阴德①，此造福也。广田宅，结姻缘，争什一②，

yù gōng míng　cǐ qiú fú yě　zào fú zhě dàn ér cháng
鬻功名[3]，此求福也。造福者澹而长[4]，
qiú fú zhě nóng ér duǎn
求福者浓而短。

【注释】

①阴德：指在人世间所做的而在阴间可以记功的好事，此处可泛指德行。

②争什一：即盘剥百姓。什一，古代赋税制度，十分税一，称“什一”。此处“什一”或代指田租。

③鬻：卖。此处泛指买卖。

④澹：恬淡，清淡。

【译文】

士大夫应当为子孙造福，而不是为子孙求福。严谨家规，崇尚简朴，教子孙耕田读书，积德行善，这是造福。广置田宅，与权贵攀亲结缘，盘剥百姓，花钱买官，这是求福。造福的做法虽显淡泊却能长久，求福的做法虽能换来热闹风光却很短暂。

shì dà fū dāng wèi cǐ shēng xī míng　bù dāng wèi cǐ shēng
士大夫当为此生惜名，不当为此生
shì míng　dūn shī shū　shàng qì jié　shèn qǔ yǔ　jǐn wēi
市名[1]。敦诗书，尚气节，慎取与，谨威
yí　cǐ xī míng yě　jìng biāo bǎng　yāo quán guì　wù jiáo
仪，此惜名也。竞标榜，邀权贵，务矫
jī　xí mó léng　cǐ shì míng yě　xī míng zhě　jìng
激[2]，习模棱[3]，此市名也。惜名者，静
ér xiū　shì míng zhě　zào ér zhuō　shì dà fū dāng wèi yī
而休[4]；市名者，躁而拙。士大夫当为一
jiā yòng cái　bù dāng wèi yī jiā shāng cái　jì zōng dǎng
家用财，不当为一家伤财。济宗党[5]，

guǎng shù xiū jiù huāng qiàn zhù yì jǔ cǐ yòng cái yě
广束修[⑥]，救荒歉，助义举，此用财也。

mí yuàn yòu jiào gē wǔ shē yàn huì jù bǎo wán cǐ shāng cái yě yòng cái zhě sǔn ér yíng shāng cái zhě mǎn ér fù
靡苑囿[⑦]，教歌舞，奢燕会，聚宝玩，此伤财也。用财者，损而盈；伤财者，满而覆[⑧]。

【注释】

①市名：求取名声。

②矫激：奇怪偏激，违背常情。

③模棱：遇事不置可否，态度含糊。

④休：吉庆，美善，有福气。

⑤宗党：宗族，乡党。即家族内的成员和家族外的乡亲。

⑥束修：即干肉，古代入学敬师的礼物，或指学生致送教师的酬金。此处泛指教育。

⑦靡：浪费，奢侈。 苑囿：园林。

⑧覆：倾倒，败，灭。

【译文】

士大夫应当为这一生爱惜自己的名声，而不应当去求取名声。研习诗书，崇尚气节，谨慎取予，注重仪表，这是爱惜名声。争相标榜，结交权贵，行为偏激，是非不分，这是求取名声。爱惜名声的人，平静而有福；求取名声的人，浮躁而愚笨。士大夫应当为家族合理使用钱财，而不应当浪费钱财。接济宗族乡亲，兴办学堂，救济荒年歉收的百姓，扶助合乎道义的行为，这是合理使用钱财。大肆花钱修建园林，沉迷歌舞，宴会奢侈无度，聚敛珍奇宝物，这是浪费钱财。合理使用钱财的人，虽然有所花费但家财总是充盈的；浪费钱财的人，尽管家财满满，但终究会散尽一无所有。

shì dà fū dāng wèi tiān xià yǎng shēn bù dāng wèi tiān xià
士大夫当为天下养身，不当为天下

xī shēn shěng shì yù jiǎn sī lǜ jiè fèn nù jié yǐn
惜身。省嗜欲，减思虑，戒忿怒，节饮

shí cǐ yǎng shēn yě guī lì hài bì láo yuàn yíng
食，此养身也。规利害①，避劳怨，营

kū zhái shǒu qī zǐ cǐ xī shēn yě yǎng shēn zhě
窟宅②，守妻子，此惜身也。养身者，

sè ér dà xī shēn zhě shān ér xì
啬而大③；惜身者，膻而细④。

【注释】

①规：谋划，谋求。 利害：此处指利益。

②营：营造，营建。 窟宅：人住的窑洞，代指房屋。

③啬：小气，该用的财物舍不得用。

④膻：膻腥之味，比喻俗气。

【译文】

士大夫应当为天下苍生养身，不应当为天下苍生而惜身。减少不良嗜好和欲望，去除无用的思考，戒除忿怒，节制饮食，这是养身。谋求利益，逃避劳苦和怨恨，营建房屋，守着妻子儿女，这是惜身。养身的人，虽然看似对自己和家人小气，但是人格高大；惜身的人，则显得俗气且人格渺小。

处事类

【题解】

本章主要讲述人们在处理事务时应遵循的原则及需要注意之处。首先，要内心正直、诚实，有责任感，无论为自己还是他人办事都要坚持原则、认认真真，尽到自己的责任和义务；并要常常反思自己的缺点和不足，以求获得更大的进步。其次，面对繁杂的日常事务时要始终保持内心的镇定、平和。面对大事、急事时不要心慌着急，要有处理小事、缓事时的平静和稳重。面对小事、缓事时又不可粗心、懈怠，要有处理大事、急事时的谨慎和果断。最后，在做事时还应有始有终、循序渐进。实实在在地做一件事并坚持到最后，才叫“做成了一件事”，往往只有在踏实的渐进中才能成就一番伟大的事业。

chǔ nán chǔ zhī shì yù yí kuān chǔ nán chǔ zhī rén yù yí hòu chǔ zhì jí zhī shì yù yí huǎn chǔ zhì dà zhī shì yù yí píng chǔ yí nán zhī jì yù yí wú yì

处难处之事愈宜宽，处难处之人愈宜厚，处至急之事愈宜缓，处至大之事愈宜平，处疑难之际愈宜无意①。

【注释】

① 无意：即不存在个人成见或偏见。

【译文】

处理棘手难处的事情更应当宽缓，对待难以相处的人更应当宽厚，处理紧急的事情更应当从容不迫，处理重大的事情更应当心平气和，处于疑虑困惑的时候更应当消除内心的成见。

wú shì shí cháng zhào guǎn cǐ xīn jīng jīng rán ruò yǒu shì yǒu shì shí què fàng xià cǐ xīn tǎn tǎn rán ruò wú shì wú shì rú yǒu shì dī fáng cái kě mǐ yì wài zhī biàn yǒu shì rú wú shì zhèn dìng fāng kě xiāo jú zhōng zhī wēi

无事时，常照管此心①，兢兢然若有事②；有事时，却放下此心，坦坦然若无事。无事如有事，提防才可弭意外之变③；有事如无事，镇定方可消局中之危。

【注释】

① 照管：照看管理。

② 兢兢然：小心谨慎的样子。

③ 弭：平息，消除。

【译文】

没事的时候，要常常照看管理自己的内心，就像有事时一样小心谨慎；有事的时候，却要将心放下，就像没事时一样坦然平静。没事的时候像有事一样，小心防范才能消除意外的变故；有事的时候像没事一样，内心镇定才能防止危险的发生。

dāng píng cháng zhī rì，yìng xiǎo shì yí yǐ yìng dà shì zhī xīn yìng zhī。gài tiān lǐ wú xiǎo，jí mù qián guān zhī，biàn yǒu yí gè xié zhèng，bù kě hū màn gǒu jiǎn，xū shěn lǐ zhī xié zhèng yǐ yìng zhī fāng kě。jí biàn gù zhī lái，chǔ dà shì yí yǐ chǔ xiǎo shì zhī xīn chǔ zhī。gài rén shì suī dà，zì tiān lǐ guān zhī，zhǐ yǒu yí gè shì fēi，bù kě jīng huāng shī cuò，dàn píng lǐ zhī shì fēi yǐ chǔ zhī biàn dé。

当平常之日，应小事宜以应大事之心应之。盖天理无小，即目前观之，便有一个邪正，不可忽慢苟简①，须审理之邪正以应之方可。及变故之来，处大事宜以处小事之心处之。盖人事虽大，自天理观之，只有一个是非，不可惊慌失措，但凭理之是非以处之便得。

【注释】

① 忽慢：轻慢。　苟简：草率而简略。

【译文】

平时，应当用对待大事的心态来对待小事。因为天地之间，道理没有大小之分，就眼前来看，只有邪正之分，不可轻视草率，要察明事理的邪正而后才可以开始处理。等到变故发生时，应当用处理小事的心态来处理大事。因为世间人事虽然重大，但从天地至理的角度看，不过是一个是非之分，不可惊慌失措，只要根据道理的对错来处理就可以了。

huǎn shì yí jí gàn, mǐn zé yǒu gōng; jí shì yí huǎn bàn, máng zé duō cuò.
缓事宜急干，敏则有功[1]；急事宜缓办，忙则多错。

【注释】

① 敏：迅速。

【译文】

不着急的事情要高效快速地做，因为这类事情往往迅速去做才能做好；着急的事情要宽缓稳妥地做，因为这类事情往往会因手忙脚乱造成很多错误。

bù zì fǎn zhě, kàn bù chū yī shēn bìng tòng; bù nài fán zhě, zuò bù chéng yī jiàn shì yè.
不自反者[1]，看不出一身病痛；不耐烦者，做不成一件事业。

【注释】

① 自反：自我反省。

【译文】

不会自我反省的人，看不到自己的一身毛病；不能忍受麻烦的人，做不成一件大事。

rì rì xíng, bù pà qiān wàn lǐ; cháng cháng zuò, bù pà qiān wàn shì.
日日行，不怕千万里；常常做，不怕千万事。

荀子是儒家的代表人物之一。他在《劝学》中以“不积跬步，无以至千里；不积小流，无以成江海”等句劝勉人们要有坚持不懈的精神。

【译文】

天天都在前进，不怕路途有千里万里；常常去做，不怕事情有千件万件。

bì yǒu róng　dé nǎi dà　bì yǒu rěn　shì nǎi jì

必有容，德乃大；必有忍，事乃济①。

林则徐手书“海纳百川有容乃大，壁立千仞无欲则刚”拓本。

【注释】

① 济：渡过，此处引申为成功。

【译文】

能够宽容包容他人，德行才会提升；能够有忍耐的品质，事业才能成功。

guò qù shì diū de yī jié shì yī jié xiàn zài shì liǎo de yī jié shì yī jié wèi lái shì shěng de yī jié shì yī jié

过去事丢得一节是一节。现在事了得一节是一节。未来事省得一节是一节。

【译文】

已经过去的事情，能忘一件是一件。当下的事情，完成一件是一件。未来的事情，能少一件是一件。

qiáng bù zhī yǐ wéi zhī cǐ nǎi dà yú běn wú shì ér shēng shì shì wèi bó fú

强不知以为知，此乃大愚；本无事而生事，是谓薄福。

【译文】

明明不知道非要装作知道，这是最大的愚蠢；本来没事却非要自寻烦恼，这是命中没有福气。

jū chù bì xiān jīng qín nǎi néng xián xiá fán shì wù qiú tíng tuǒ rán hòu xiāo yáo

居处必先精勤①，乃能闲暇；凡事务求停妥②，然后逍遥。

【注释】

①居处：指日常生活。

②停妥：停当妥帖，即事情处理得恰到好处。

【译文】

在日常生活中必须先刻苦勤奋，然后才能有闲暇；处理所有事务都停当妥帖了，然后才能逍遥自在。

tiān xià zuì yǒu shòu yòng shì yī xián zì rán xián zì yào cóng qín zhōng dé lái tiān xià zuì tǎo pián yí shì yī qín

天下最有受用①，是一闲字，然闲字要从勤中得来；天下最讨便宜，是一勤

zì rán qín zì yào cóng xián zhōng zuò chū
字，然勤字要从闲中做出。

【注释】

①受用：舒服，舒适。

【译文】

天下最舒服的莫过于一个“闲”字，然而清闲要从辛勤中得来；天下最得便宜的是一个“勤”字，然而辛勤是在平时的清闲中做出来的。

zì jǐ zuò shì qiè xū bù kě yū zhì bù kě fǎn fù
自己做事，切须不可迂滞①，不可反复，
bù kě suǒ suì dài rén zuò shì jí yào nài de yū zhì nài
不可琐碎。代人做事，极要耐得迂滞，耐
de fǎn fù nài de suǒ suì
得反复，耐得琐碎。

【注释】

①迂滞：迂腐固执。

【译文】

为自己做事，切记不可迂腐固执，不可反复无常，不可琐屑细碎。替别人做事，必须要忍受得了他人的迂腐固执，忍受得了他人的反复无常，忍受得了他人的琐屑细碎。

móu rén shì rú jǐ shì ér hòu lǜ zhī yě shěn móu jǐ
谋人事如己事，而后虑之也审；谋己
shì rú rén shì ér hòu jiàn zhī yě míng
事如人事，而后见之也明。

【译文】

为别人谋划事情就好像在为自己谋划一样，只有这样才会考虑得谨慎周全；谋划自己的事情就好像在为别人谋划一样，只有这样才能看得透彻明白。

wú xīn zhě gōng wú wǒ zhě míng
无心者公，无我者明。

【译文】

没有成见和偏见的人，对人对事都会公平公正；没有自我和私心的人，做人做事自然光明磊落。

zhì qí shēn yú shì fēi zhī wài ér hòu kě yǐ zhé shì fēi zhī zhōng zhì qí shēn yú lì hài zhī wài ér hòu kě yǐ guān lì hài zhī biàn

置其身于是非之外，而后可以折是非之中；置其身于利害之外，而后可以观利害之变。

【译文】

将自己置身于是非纷争之外，这样才能以相对中立的态度来看待纷争；将自己置身于利害纷争之外，这样才能看清利害纷争的关键和变化。

rèn shì zhě dāng zhì shēn lì hài zhī wài jiàn yán zhě dāng shè shēn lì hài zhī zhōng

任事者，当置身利害之外；建言者，当设身利害之中。

【译文】

当事人应当将自己置身于利害纷争之外；提建议的人应当设想自己身处利害纷争之中。

wú shì shí jiè yī tōu zì yǒu shì shí jiè yī luàn zì

无事时，戒一偷字；有事时，戒一乱字。

【译文】

没事的时候，要戒除偷懒的毛病；有事的时候，要改掉慌乱的毛病。

jiāng shì ér néng mǐ yù shì ér néng jiù jì shì ér néng wǎn cǐ zhī wèi dá quán cǐ zhī wèi cái wèi shì ér zhī lái shǐ shì ér zhī zhōng dìng shì ér zhī biàn cǐ zhī wèi

将事而能弭，遇事而能救，既事而能挽，此之谓达权①，此之谓才；未事而知来，始事而知终，定事而知变，此之谓

cháng lǜ cǐ zhī wèi shí
长虑，此之谓识。

【注释】

①达权：通晓权宜，随机应变。

【译文】

尚未发生的问题能够提前消除，正在发生的问题能够及时补救，发生过的问题能够有所挽回，这便叫作通晓权宜、随机应变，这才是才能；事情还没开始时便能预见到后来的变化，事情开始做时便能预见到最后的结果，已经定下来的事情能推知其中的变化，这便叫作深谋远虑，这才是见识。

tí de qǐ fàng de xià suàn de dào zuò de wán
提得起，放得下；算得到，做得完；
kàn de pò piě de kāi
看得破，撇得开。

【译文】

做事既要担当得起，又要懂得当止则止；既要谋划周全，又要有始有终；既要看穿本质，又要该放手时就放手。

jiù yǐ bài zhī shì zhě rú yù lín yá zhī mǎ xiū qīng cè
救已败之事者，如驭临崖之马，休轻策
yī biān tú chuí chéng zhī gōng zhě rú wǎn shàng tān zhī zhōu
一鞭；图垂成之功者，如挽上滩之舟，
mò shǎo tíng yī zhào
莫少停一棹①。

【注释】

①棹：划船的一种工具，形状和桨差不多。

【译文】

补救已经失败的事情，好比驾驭跑到悬崖边上的马，千万要小心谨慎，不可轻抽一鞭；谋划即将成功的事情，好比牵拉已经上了沙滩的船，一定要坚持到底，不要少划一桨。

yǐ zhēn shí gān dǎn dài rén shì suī wèi chéng gōng rì hòu
以真实肝胆待人，事虽未成功，日后
rén bì jiàn wǒ zhī gān dǎn yǐ zhà wěi xīn cháng chǔ shì rén jí
人必见我之肝胆；以诈伪心肠处事，人即
yī shí shòu gǎn rì hòu rén bì jiàn wǒ zhī xīn cháng
一时受感，日后人必见我之心肠。

【译文】

用真心实意对待他人，尽管事情没有办成，但日后他人必定能体会到我的真诚；用虚情假意对待他人，他人即使受到一时的蒙蔽，但日后必定能发现我的虚伪。

tiān xià wú bù kě huà zhī rén dàn kǒng chéng xīn wèi zhì
天下无不可化之人，但恐诚心未至；
tiān xià wú bù kě wéi zhī shì zhǐ pà lì zhì bù jiān
天下无不可为之事，只怕立志不坚。

徐悲鸿绘《愚公移山》

世上无难事，只怕有心人，愚公移山的典故印证了这个道理。移山看似不可为，但愚公坚信只要立志坚定，努力去做，就没有什么事情做不成。

【译文】

天下没有不可以感化的人，只怕心志不够至诚；天下没有办不到的事情，只怕志向不够坚定。

chǔ rén bù kě rèn jǐ yì yào xī rén zhī qíng chǔ shì bù kě rèn jǐ jiàn yào xī shì zhī lǐ
处人不可任己意，要悉人之情；处事不可任己见，要悉事之理。

【译文】

与人相处不可以事事都顺着自己的意愿，要洞悉其中的世俗人情；处理事情不可一味坚持自己的意见，要了解其中的处事之理。

jiàn shì guì hū míng lǐ chǔ shì guì hū gōng xīn
见事贵乎明理，处事贵乎公心。

【译文】

观察事物最重要的是看清事理，处理事情最重要的是秉持公心。

yú tiān lǐ jí jí zhě yú rén yù bì dàn yú sī shì dān dān zhě yú gōng wù bì shū yú xū wén yì yì zhě yú běn shí bì bó
于天理汲汲者①，于人欲必淡。于私事耽耽者②，于公务必疏。于虚文熠熠者③，于本实必薄。

【注释】

① 汲汲：心情急迫的样子，此处引申为急切的追求。

② 耽耽：威严注视的样子，此处引申为专注。

③ 虚文：空洞的文字，空话。 熠熠：鲜明、闪烁的样子，此处引申为精心修饰。

【译文】

急切渴望了解天地至理的人，对于凡俗欲望必然淡漠。专注于个人私事的人，对待公务必然不大用心。对空洞的言辞精心修饰的人，本质上必然是个浅薄的人。

jūn zǐ dāng shì zé xiǎo rén jiē wéi jūn zǐ zhì cǐ bù wéi jūn zǐ zhēn xiǎo rén yě xiǎo rén dāng shì zé zhōng rén jiē wéi xiǎo rén zhì cǐ bù wéi xiǎo rén zhēn jūn zǐ yě

君子当事，则小人皆为君子，至此不为君子，真小人也；小人当事，则中人皆为小人，至此不为小人，真君子也。

【译文】

君子做官的话，那么小人也都能变成君子，如果在这种情况下还不能转变为君子，那便是地地道道的小人了；小人做官的话，那么普通人也都会变成小人，如果在这种情况下仍不会沦为小人，那便是真真正正的君子了。

jū guān xiān hòu mín fēng chǔ shì xiān qiú dà tǐ

居官先厚民风，处事先求大体。

【译文】

做官首先要使民风淳朴，办事首先要能总揽全局。

lùn rén dāng jié qǔ qí cháng qǔ liàng qí duǎn zuò shì bì xiān shěn qí hài hòu jì qí lì

论人当节取其长，曲谅其短①；做事必先审其害，后计其利。

【注释】

① 曲谅：掩饰，谅解。

【译文】

评论他人应当注意他人的优点，掩饰谅解他人的缺点；做事一定要先考虑到危害，然后再去计较能带来的利益。

xiǎo rén chǔ shì yú lì hé zhě wéi lì yú lì bèi zhě wéi hài jūn zǐ chǔ shì yú yì hé zhě wéi lì yú yì bèi zhě wéi hài

小人处事，于利合者为利，于利背者为害；君子处事，于义合者为利，于义背者为害。

【译文】

小人做事，对自己有好处的就是利，对自己没有好处的就是害；君子做事，合乎道义的才是利，违背道义的才是害。

zhǐ rén qíng shì gù shú le　shén me dà shì zuò bù dào
只人情世故熟了[①]，甚么大事做不到？
zhǐ tiān lǐ rén xīn hé le　shén me hǎo shì zuò bù chéng　zhǐ yī
只天理人心合了，甚么好事做不成？只一
shì bù liú xīn　biàn yǒu yī shì bù dé qí lǐ　zhǐ yī wù bù
事不留心，便有一事不得其理。只一物不
liú xīn　biàn yǒu yī wù bù dé qí suǒ
留心，便有一物不得其所。

【注释】

①人情世故：为人处世的道理。

【译文】

只要熟悉了为人处世的道理，还有什么大事做不到呢？只要上合乎天理、下合乎人心，还有什么好事做不成呢？只要对某一件事没有注意，便会有一件事没有得到正确的处理。只要对某一事物没有注意，便会有一个事物没有得到合理的安排。

shì dào shǒu　qiě mò jí　biàn yào huǎn huǎn xiǎng　xiǎng
事到手，且莫急，便要缓缓想；想
dé shí　qiè mò huǎn　biàn yào jí jí xíng
得时，切莫缓，便要急急行。

【译文】

事情到手需要做时，先不要着急，要对这件事作周全细致的思考；想好之后，切不要延迟，要抓紧时间赶快去做。

shì yǒu jī yuán　bù xiān bù hòu　gāng gāng còu qiǎo
事有机缘[①]，不先不后，刚刚凑巧；
mìng ruò cèng dēng　zǒu lái zǒu qù　bù bù tà kōng
命若蹭蹬[②]，走来走去，步步踏空。

【注释】

① 机缘：机会和缘分，也指时机、机遇。

② 蹭蹬：倒霉，不顺。

【译文】

做好一件事情是需要机缘的，抓住了时机，既不早也不晚，刚好赶上；人的命运也有倒霉不顺的时候，总是抓不住机遇，忙来忙去，一事无成。

接物类

【题解】

本章主要讲与他人相处时要遵循的原则及应当注意的问题。所讲内容大体与“敦品类”相似，然而“敦品类”侧重处事中应持有的大原则和方向，本章更侧重于细节上的指导和告诫。主要提醒我们，一是要时刻保持谦虚谨慎的态度，二是在与人相处时要有宽宏大量的气度。这两点仍不失为现代人际交往中的准则。谦虚谨慎，指的是无论在什么场合，说话办事要谨慎小心，神态表情要庄重沉稳、温和有礼。宽宏大量，指的是要心胸宽广，不仅能辨别出事情的对与错，人格的高尚与卑劣，而且能容得下对错之事、君子和小人。在此基础上，编者仍不忘告诫人们，在与人相处时要节制自己的欲望，时常进行自我反省。此外，也论及如何知人、识人，知人、识人后要尽量选择君子作为朋友，但也不要因此过分痛恨小人。告诉人们在为人处世时既要坚持原则，又要合乎人情。

shì shǔ ài mèi yào sī huí hù tā zhuó bù de yī
事属暧昧[①]，要思回护他[②]，著不得一
diǎn gōng jié de niàn tóu rén shǔ hán wēi yào sī jīn lǐ tā
点攻讦的念头；人属寒微，要思矜礼他，
zhuó bù de yī háo ào nì de qì xiàng
著不得一毫傲睨的气象[③]。

【注释】

① 暧昧：隐私，不便公之于众的事情。

② 回护：袒护，庇护。

③ 傲睨：不用正眼看，指傲慢轻视。睨，斜视。

【译文】

对待他人的隐私，要想着有所袒护，而不可有一点攻击揭发的念头；对待贫寒卑微的人，要想着以礼相待，而不可有丝毫的傲慢和轻视神态。

fán yī shì ér guān rén zhōng shēn zòng què jiàn shí wén
凡一事而关人终身，纵确见实闻，
bù kě zhuó kǒu fán yī yǔ ér shāng wǒ zhǎng hòu suī xián
不可著口；凡一语而伤我长厚①，虽闲
tán jiǔ xuè shèn wù xíng yán
谈酒谑②，慎勿形言。

【注释】

①长厚：朴实敦厚。

②谑：玩笑，开玩笑。

【译文】

凡是关乎他人终身命运的事，即便亲眼看到、亲耳听到，也不要开口乱讲；凡是有损自己朴实敦厚的话，尽管是喝酒闲聊时的玩笑话，也坚决不能说。

yán zhuó cǐ xīn yǐ jù wài yòu xū rú yī tuán liè huǒ
严著此心以拒外诱，须如一团烈火，
yù wù jí shāo kuān zhuó cǐ xīn yǐ dài tóng qún xū rú yī
遇物即烧；宽著此心以待同群，须如一
piàn yáng chūn wú rén bù nuǎn
片阳春，无人不暖。

【译文】

以严格谨慎约束自己的内心，以此来抵御外界的诱惑，应当像一团烈火一样，遇到外物的引诱便立刻烧掉；以宽容和善修养自己的内心，以此来对待同伴，应当像明媚的春天一样，将温暖带给每一个人。

dài jǐ dāng cóng wú guò zhōng qiú yǒu guò fēi dú jìn dé
待己当从无过中求有过，非独进德，
yì qiě miǎn huàn dài rén dāng yú yǒu guò zhōng qiú wú guò fēi
亦且免患；待人当于有过中求无过，非
dàn cún hòu yì qiě jiě yuàn
但存厚，亦且解怨。

【译文】

对待自己应当从没有过错中寻找过错，这不只是为了提升自己的道德修养，也是为了使自己免除灾祸；对待他人应当从过错中寻找无过之处，这不只可以使自己心存宽厚，还能够消除相互之间的怨恨。

shì hòu ér yì rén dé shī chuī máo suǒ gòu bù kěn sī háo
事后而议人得失，吹毛索垢[①]，不肯丝毫
fàng kuān shì sī jǐ dāng qí jú wèi bì néng xiào bǐ wàn yī
放宽，试思己当其局，未必能效彼万一；
páng guān ér lùn rén duǎn cháng jué yǐn zhāi wēi bù liú xiē xū yú
旁观而论人短长，抉隐摘微[②]，不留些须余
dì shì sī jǐ shòu qí huǐ wèi bì néng ān yì shùn chéng
地，试思己受其毁[③]，未必能安意顺承[④]。

【注释】

① 吹毛索垢：吹毛求疵，比喻故意挑剔别人的缺点，寻找差错。

② 抉隐摘微：故意寻找别人细小的错误，即苛求他人。抉，挑选，挑剔。摘，选取，摘取。

③ 毁：诋毁，诽谤，说别人坏话。

④ 安意：内心平静。 顺承：顺从接受。

【译文】

事情结束之后评论他人得失，吹毛求疵，没有丝毫的宽容，不是正确的做法，试想如果自己处于那种情形之中，未必能赶上他人的万分之一；处于旁观地位评论他人好坏，苛求他人，不留丝毫余地，不是厚道的行为，试想如果自己遭到这样的诋毁，未必能像他人那样心平气和地接受。

yù shì zhǐ yī wèi zhèn dìng cóng róng suī fēn ruò luàn sī
遇事只一味镇定从容，虽纷若乱丝，
zhōng dāng jiù xù dài rén wú bàn háo jiáo wěi qī zhà zòng jiǎo
终当就绪[①]；待人无半毫矫伪欺诈，纵狡
rú shān guǐ yì zì xiàn chéng
如山鬼，亦自献诚。

【注释】

①就绪：一切安排妥当。

【译文】

遇到事情只要能保持从容镇定，即便局面像乱丝般纷繁复杂，最终一切都会安排妥当的；对待他人没有半点伪诈和欺骗，即便他人像山里的精灵一样精明狡猾，最终也会主动拿出诚意的。

gōng shēng míng　chéng shēng míng　cóng róng shēng míng
公生明，诚生明，从容生明。

【译文】

公正使人清明，诚实使人清明，从容使人清明。

rén hào gāng　wǒ yǐ róu shèng zhī　rén yòng shù　wǒ yǐ chéng gǎn zhī　rén shǐ qì　wǒ yǐ lǐ qū zhī
人好刚，我以柔胜之。人用术，我以诚感之。人使气，我以理屈之。

【译文】

别人刚强好胜，我用柔弱退让战胜他。别人好用计谋，我用真诚感动他。别人好耍脾气，我用道理说服他。

róu néng zhì gāng　yù chì zǐ ér bēn yù shī qí yǒng　nè néng qū biàn　féng yīn zhě ér yí qín zhuō yú cí
柔能制刚，遇赤子而贲育失其勇①；讷能屈辩②，逢喑者而仪秦拙于词③。

【注释】

①赤子：婴儿。　贲育：战国时勇士孟贲和夏育的并称，泛指勇士。

②讷能屈辩：木讷少言可以战胜能言善辩。讷，木讷，语言迟钝。辩，能言善辩。

③逢：遇到。　喑：哑，不能说话，也有沉默不语的意思。　仪秦：指战国时辩士张仪和苏秦，泛指能言善辩的人。

张仪，魏国贵族后裔，战国时期著名纵横家，相传为鬼谷子徒弟。

苏秦，字季子，战国时期著名纵横家，相传与张仪同为鬼谷子徒弟。

【译文】

柔弱能克制刚强，遇到柔弱的婴儿，即便孟贲、夏育那样的勇士也会失去他们的刚强和勇猛；木讷少言可以战胜能言善辩，遇到不能说话的哑巴，即便张仪、苏秦那样的辩士也不知道该说些什么。

kùn yú tiān xià zhī zhì zhě bù zài zhì ér zài yú qióng tiān xià zhī biàn zhě bù zài biàn ér zài nè fú tiān xià zhī yǒng zhě bù zài yǒng ér zài qiè

困于天下之智者，不在智而在愚。穷天下之辩者，不在辩而在讷。伏天下之勇者，不在勇而在怯。

【译文】

使天下有智慧的人困顿窘迫的，不在于智慧而在于憨厚质朴。使天下能言善辩的人理屈词穷的，不在于善辩而在于木讷少言。使天下刚强勇猛的人屈服的，不在于勇猛而在于怯懦。

yǐ nài shì liǎo tiān xià zhī duō shì yǐ wú xīn xī tiān xià zhī zhēng xīn

以耐事，了天下之多事；以无心，息天下之争心。

【译文】

用忍耐可以了却天下的许多麻烦；用不争可以平息天下的许多纷争。

hé yǐ xī bàng yuē wú biàn hé yǐ zhǐ yuàn yuē bù zhēng
何以息谤？曰无辩；何以止怨？曰不争。

【译文】

如何平息诽谤？不辩解即可；如何消除怨恨？不与他人争夺即可。

rén zhī bàng wǒ yě yǔ qí néng biàn bù rú néng róng
人之谤我也，与其能辩，不如能容；
rén zhī wǔ wǒ yě yǔ qí néng fáng bù rú néng huà
人之侮我也，与其能防，不如能化。

【译文】

别人诽谤我，与其辩解，不如宽容他人的诽谤；别人侮辱我，与其小心提防，不如主动化解相互之间的怨恨。

shì fēi wō lǐ rén yòng kǒu wǒ yòng ěr rè nào chǎng
是非窝里，人用口，我用耳；热闹场
zhōng rén xiàng qián wǒ luò hòu
中，人向前，我落后。

【译文】

身处是非之地，别人用嘴说，我只用耳朵听；身处热闹场合，别人争着向前，我只甘愿退后。

guān shì jiān jí è shì zé yī jiù yī tè jìn kě yōu
观世间极恶事，则一咎一慝①，尽可优
róng niàn gǔ lái jí yuān rén zé yī huǐ yī rǔ hé xū
容②；念古来极冤人，则一毁一辱，何须
jì jiào bǐ zhī lǐ shì wǒ zhī lǐ fēi wǒ ràng zhī
计较。彼之理是③，我之理非，我让之；
bǐ zhī lǐ fēi wǒ zhī lǐ shì wǒ róng zhī
彼之理非，我之理是，我容之。

【注释】

① 咎：过失，罪过。 慝：奸邪，邪恶。

② 优容：宽待，宽容。

③ 彼：他，对方。

【译文】

看人世间那些最丑恶的事，无外乎罪过和邪恶，其实这些都是可以宽容的；想自古以来那些蒙受巨大冤屈的人，受到的无外乎是诋毁和侮辱，又何必再去计较。他有理，我没理，我便让他；他没理，我有理，我便宽容他。

néng róng xiǎo rén shì dà rén néng péi bó dé shì hòu dé
能容小人，是大人；能培薄德，是厚德。

【译文】

能容忍小人，便是胸怀宽大的人；能从点滴小事培养起来的德行，便是深厚高尚的德行。

wǒ bù shí hé děng wéi jūn zǐ dàn kàn měi shì kěn chī kūi de biàn shì wǒ bù shí hé děng wéi xiǎo rén dàn kàn měi shì hào pián yí de biàn shì
我不识何等为君子，但看每事肯吃亏的便是；我不识何等为小人，但看每事好便宜的便是。

【译文】

我不知道什么样的人才是君子，只需要看每件事肯吃亏的那个人便是了；我不知道什么样的人才是小人，只需要看每件事好占便宜的那个人便是了。

lǜ shēn wéi lián wéi yí chǔ shì yǐ tuì wéi shàng
律身惟廉为宜①，处事以退为尚。

【注释】

①律身：即律己。律，约束。

【译文】

律己唯有廉洁最好，处事以退让为佳。

yǐ rén xīn cún xīn　yǐ qín jiǎn zuò jiā　yǐ rěn ràng jiē wù
以仁心存心，以勤俭作家，以忍让接物。

【译文】

心怀仁义，勤俭持家，以宽容忍让的态度待人接物。

jìng lù zhǎi chù　liú yī bù yǔ rén xíng　zī wèi nóng de
径路窄处，留一步与人行；滋味浓底，
jiǎn sān fēn yǔ rén cháng　rèn nán rèn zhī shì　yào yǒu lì ér
减三分与人尝。任难任之事，要有力而
wú qì　chǔ nán chǔ zhī rén　yào yǒu zhī ér wú yán
无气；处难处之人，要有知而无言。

【译文】

路窄的地方，要留出一步让别人能够通过；美味佳肴，要留一些让别人尝尝。处理难办的事情，要有力量而不要有怨气；与不好相处的人在一起，要心里明白但嘴上不说。

qióng kòu bù kě zhuī yě　dùn cí bù kě gōng yě　pín
穷寇不可追也①，遁辞不可攻也②，贫
mín bù kě wēi yě
民不可威也。

【注释】

①穷寇：走投无路的贼寇，泛指残敌。

②遁辞：因故意躲闪或掩饰错误，或者由于理屈词穷、不愿意以真意告诉他人时，用来搪塞的话。

“穷寇勿追”出自《孙子兵法》，由春秋时期孙武所著。《孙子兵法》共十三篇，被后世誉为“兵学圣典”。

【译文】

对穷途末路的敌人不可继续追击，对搪塞掩饰的话不可批评指责，对贫苦百姓不可施威欺压。

huò mò dà yú bù chóu rén ér yǒu chóu rén zhī cí sè
祸莫大于不仇人，而有仇人之辞色；
chǐ mò dà yú bù ēn rén ér zuò ēn rén zhī zhuàng tài
耻莫大于不恩人，而作恩人之状态。

【译文】

最大的祸患是与他人本来没仇，却显示出仇人般的语气和神态；最大的耻辱在于并未施予他人恩惠，却做出恩人般的姿态。

shàn yòng wēi zhě bù qīng nù shàn yòng ēn zhě bù wàng shī
善用威者不轻怒，善用恩者不妄施。

【译文】

善于运用威严的人不轻易发怒，善于施予恩惠的人不胡乱施舍。

kuān hòu zhě wú shǐ rén yǒu suǒ shì jīng míng zhě bù
宽厚者，毋使人有所恃；精明者，不
shǐ rén wú suǒ róng
使人无所容。

【译文】

宽厚的人，不要使别人有所倚仗；精明的人，不要使别人无地自容。

shì yǒu zhī qí dāng biàn ér bù dé bù yīn zhě shàn jiù zhī ér yǐ yǐ rén yǒu zhī qí dāng tuì ér bù dé bù yòng zhě shàn yù zhī ér yǐ yǐ

事有知其当变，而不得不因者[①]，善救之而已矣；人有知其当退[②]，而不得不用者，善驭之而已矣[③]。

【注释】

①因：依，顺着。

②退：退出，离开。

③驭：统率，控制。

【译文】

知道事情要有所变化而不得不顺应其变化时，只要善于补救就可以了；知道某人应当退出而不得不任用时，只要善于控制就可以了。

qīng xìn qīng fā tīng yán zhī dà jiè yě yù jī yù lì zé shàn zhī dà jiè yě

轻信轻发，听言之大戒也；愈激愈厉[①]，责善之大戒也[②]。

听言最忌轻信，《韩非子》中《奸劫弑臣》篇提出“循名实而定是非，因参验而审言辞”，告诫人们切不可轻信他人的话语，一定要将听到的言语与客观事实相互验证。

【注释】

① 愈激愈厉：越激发鼓励越要求严格苛刻。激，激发勉励。厉，严格。

② 责善：劝勉从善。

【译文】

轻易相信别人的话，轻易发怒，这是听别人说话时最需要注意的问题；越激励越严苛，这是劝勉他人向善时最需要注意的问题。

chǔ shì xū liú yú dì zé shàn qiè jiè jìn yán
处事须留余地，责善切戒尽言。

【译文】

处理事情应当留有余地，劝勉向善切不可把话说绝。

shī zài wǒ yǒu yú zhī huì zé kě yǐ guǎng dé liú zài rén bù jìn zhī qíng zé kě yǐ quán jiāo
施在我有余之惠，则可以广德①；留在人不尽之情，则可以全交②。

【注释】

① 广德：广修德行。

② 全交：保全友谊、友情。

【译文】

尽我所能施予他人恩惠，这样可以广修德行；尽量给他人留有情面，这样可以保全朋友间的友情。

gǔ rén ài rén zhī yì duō gù rén yì yú gǎi guò ér shì wǒ yě cháng qīn wǒ zhī jiào yì yì xíng jīn rén è rén zhī yì duō gù rén gān yú zì qì ér shì wǒ yě cháng chóu wǒ zhī yán bì bù rù
古人爱人之意多，故人易于改过，而视我也常亲①，我之教益易行；今人恶人之意多，故人甘于自弃②，而视我也常仇，我之言必不入。

【注释】

①我：指教导他人的人。

②甘于自弃：宁愿不求上进。自弃，自甘落后，不求上进。

【译文】

古人对他人多心存关爱，所以教导他人时，他人易于改正过错，并且对教导者亲近有加，因此，教导者的教化更容易推行；今人对他人多心存恶意，所以教导他人时，他人宁愿不求上进、自甘落后，同时还对教导者格外仇恨，因此，教导者的劝诫注定不会被接受。

xǐ wén rén guò bù ruò xǐ wén jǐ guò lè dào jǐ shàn hé rú lè dào rén shàn

喜闻人过，不若喜闻己过；乐道己善，何如乐道人善。

【译文】

喜欢听闻别人的缺点和过失，不如喜欢听闻别人指出、批评自己的缺点和过失；乐于夸赞自己的优点，不如乐于称赞别人的优点。

tīng qí yán bì guān qí xíng shì qǔ rén zhī dào shī qí yán bù wèn qí xíng shì qǔ shàn zhī fāng

听其言，必观其行，是取人之道；师其言①，不问其行，是取善之方。

【注释】

①师：效法，学习。

【译文】

听一个人说话，同时一定要观察他的实际行动，这是选取人才的方法；效法他所说的话，不过问他的实际行动，这是向人学习优点的方法。

lùn rén zhī fēi dāng yuán qí xīn bù kě tú ní qí jì qǔ rén zhī shàn dāng jù qí jì bù bì shēn jiū qí xīn

论人之非，当原其心①，不可徒泥其迹；取人之善，当据其迹，不必深究其心。

【注释】

①原其心：探求他的本意。原，推原，探究。

【译文】

评论别人的过错，应当探求他的本意，不可只拘泥于他的行为；学习别人的善行，应当根据他的实际行为，不必深究他的本意。

xiǎo rén yì yǒu hǎo chù bù kě wù qí rén bìng mò qí shì
小人亦有好处，不可恶其人，并没其是；
jūn zǐ yì yǒu guò chā bù kě hào qí rén bìng shì qí fēi
君子亦有过差，不可好其人，并饰其非。

【译文】

小人也有好的地方，不可以因为厌恶这个人就抹杀他的优点；君子也有不足之处，不可以因为喜欢这个人就掩饰他的缺点。

xiǎo rén gù dāng yuǎn duàn rán bù kě xiǎn wéi chóu dí jūn zǐ gù dāng qīn rán yì bù kě qū wéi fù hè
小人固当远，断然不可显为仇敌；君子固当亲，然亦不可曲为附和①。

【注释】

①曲为附和：委曲自己的意愿而应和别人。曲，曲意，委曲自己的意愿而奉承别人。附和，对别人的言行随声应和。

【译文】

小人固然应当疏远，但断然不可视为仇敌；君子固然应当亲近，但也不可以曲意附和。

dài xiǎo rén yí kuān fáng xiǎo rén yí yán
待小人宜宽，防小人宜严。

【译文】

对待小人应当宽容大度，防范小人应当严密谨慎。

wén è bù kě jù nù kǒng wéi chán fū xiè fèn wén
闻恶不可遽怒[①]，恐为谗夫泄忿[②]；闻
shàn bù kě jiù qīn kǒng yǐn jiān rén jìn shēn
善不可就亲，恐引奸人进身。

【注释】

①遽：马上。

②谗夫：说坏话的人。　泄忿：发泄愤恨。

【译文】

听到坏人坏事不要马上发怒，因为这样做恐怕会被爱说坏话的人利用来发泄他个人的愤恨；听到好人好事不要马上表示亲近，因为这样做恐怕会引来奸邪的人借机靠近。

xiān qù sī xīn ér hòu kě yǐ zhì gōng shì xiān píng jǐ
先去私心，而后可以治公事；先平己
jiàn ér hòu kě yǐ tīng rén yán
见，而后可以听人言。

【译文】

先去除自己的私心，然后才可以处理公务；先去除自己的成见，然后才可以听取别人的意见。

xiū jǐ yǐ qīng xīn wéi yào shè shì yǐ shèn yán wéi xiān
修己以清心为要[①]，涉世以慎言为先[②]。

【注释】

①清心：心地宁静，无思无虑。

②涉世：接触社会，经历世事。

【译文】

修养身心以心地宁静为要务，经历世事以谨慎说话为首要。

è mò dà yú zòng jǐ zhī yù huò mò dà yú yán rén zhī fēi
恶莫大于纵己之欲，祸莫大于言人之非。

【译文】

最大的罪恶莫过于放纵自己的欲望，最大的灾祸莫过于谈论他人的是非。

rén shēng wéi jiǔ sè jī guān xū bǎi liàn cǐ shēn chéng tiě hàn
人生惟酒色机关，须百炼此身成铁汉；
shì shàng yǒu shì fēi mén hù yào sān jiān qí kǒu xué jīn rén
世上有是非门户，要三缄其口学金人①。

金人铭石碑，位于山东曲阜周公庙内。

金人三缄其口的典故见于《说苑·敬慎》："孔子之周，观于太庙，右阶之前，有金人焉。三缄其口，而铭其背曰：'古之慎言人也，戒之哉，戒之哉！无多言，多言多败。'"意在告诫人们要慎言。

【注释】

①三缄其口：封口三重，形容说话极其谨慎，不轻易开口。缄，封。金人：铜铸的人像，代指说话谨慎的人。

【译文】

人生中遍布酒色诱惑，要锻炼身心使自己成为经得住诱惑的铁汉子；世界上有许多是是非非，要像金人那样说话谨慎、不轻易开口。

gōng yú lùn rén zhě chá jǐ cháng kuò shū niǔ yú
工于论人者①，察己常阔疏②；狃于
jié zhí zhě fā yán duō bì bìng
讦直者③，发言多弊病。

【注释】

①工于：长于，善于。

②阔疏：粗疏，不周密，不细密。

③狃于：拘泥于，习惯于。 讦直：不留情面地攻击他人的缺点和过失。

【译文】

善于评论别人的人，反省自己时却常常粗疏大意；习惯攻击别人的人，说话时常常存在大量弊病。

rén qíng měi jiàn yī rén shǐ yǐ wéi kě qīn jiǔ ér yàn shēng yòu yǐ wéi kě wù fēi míng yú lǐ ér fù tǐ yǐ qíng wèi yǒu bù gē xí zhě rén qíng měi chǔ yī jìng shǐ yǐ wéi shèn lè jiǔ ér shēng yàn yòu yǐ wéi shèn kǔ fēi píng qí xīn ér fù jì zhī yǐ yǎng wèi yǒu bù sī qiān zhě

人情每见一人，始以为可亲，久而厌生，又以为可恶，非明于理而复体以情，未有不割席者①。人情每处一境，始以为甚乐，久而生厌，又以为甚苦，非平其心而复济之以养，未有不思迁者②。

【注释】

①割席：把坐席割开，后指朋友之间断交。

②迁：搬迁，住所另换地点。

【译文】

人之常情往往如此，每见到一个人，开始时觉得亲切，时间长了便容易产生厌烦之感，又觉得此人可恶，故而不是明白事理并且能体察人情的人，没有不断交的。人之常情往往又是这样，每身处一种环境，开始时觉得高兴，时间长了便容易产生厌烦之感，又觉得处境苦闷，所以不是内心平和并且能加以养护的人，没有不想着搬走的。

guān fù guì rén dāng guān qí qì gài rú wēn hòu hé píng
观富贵人，当观其气概，如温厚和平
zhě zé qí róng bì jiǔ ér hòu bì chāng guān pín jiàn rén
者，则其荣必久，而后必昌；观贫贱人，
dāng guān qí dù liàng rú kuān hóng tǎn dàng zhě zé qí fú bì
当观其度量，如宽宏坦荡者，则其福必
zhēn ér qí jiā bì yù
臻[①]，而其家必裕[②]。

【注释】

①臻：到，到来。

②裕：富裕，富足。

【译文】

观察富贵的人，应当观察他的气概，比如敦厚平和的人，他的成功必定会长久，后代也必定昌盛；观察贫贱的人，应当观察他的度量，比如宽宏大度的人，他的福气必定会到来，家境也必定会富裕。

kuān hòu zhī rén wú shī yǐ yǎng liàng shèn mì zhī rén
宽厚之人，吾师以养量。慎密之人，
wú shī yǐ liàn shí cí huì zhī rén wú shī yǐ yù xià jiǎn
吾师以炼识[①]。慈惠之人，吾师以御下。俭
yuē zhī rén wú shī yǐ jū jiā míng dào zhī rén wú shī yǐ
约之人，吾师以居家。明道之人，吾师以
shēng huì zhì pǔ zhī rén wú shī yǐ cáng zhuō cái zhì zhī
生惠。质朴之人，吾师以藏拙。才智之
rén wú shī yǐ yìng biàn jiān mò zhī rén wú shī yǐ cún
人，吾师以应变。缄默之人，吾师以存
shén qiān gōng shàn xià zhī rén wú shī yǐ qīn shī yǒu bó xué
神。谦恭善下之人，吾师以亲师友。博学
qiáng zhì zhī rén wú shī yǐ guǎng jiàn wén
强识之人，吾师以广见闻。

【注释】

①识：辨别是非的能力。

【译文】

宽宏大量的人，我向他学习以培养度量。谨慎细密的人，我向他学习以锻炼辨别是非的能力。慈爱的人，我向他学习以领导下属。简朴的人，我向他学习以操持家务。明白事理的人，我向他学习以增长智慧。质朴的人，我向他学习以谦虚不露。有才智的人，我向他学习以应对变故。沉默少言的人，我向他学习以存养精神。谦虚恭敬、善待下属的人，我向他学习以亲近师友。博学多识的人，我向他学习以广博见闻。

jū shì qí suǒ qīn fù shì qí suǒ yǔ dá shì qí suǒ jǔ qióng shì qí suǒ bù wéi pín shì qí suǒ bù qǔ

居视其所亲①，富视其所与，达视其所举，穷视其所不为，贫视其所不取。

【注释】

①居：平时。

【译文】

平时看他都亲近什么样的人，富贵时看他都施恩给什么样的人，显达时看他都推举什么样的人，困窘时看他不做什么事，贫穷时看他不拿什么东西。

qǔ rén zhī zhí shù qí zhuàng qǔ rén zhī pǔ shù qí yú qǔ rén zhī jiè shù qí ài qǔ rén zhī jìng shù qí shū qǔ rén zhī biàn shù qí sì qǔ rén zhī xìn shù qí jū

取人之直，恕其戆①。取人之朴，恕其愚。取人之介②，恕其隘③。取人之敬，恕其疏④。取人之辩，恕其肆。取人之信，恕其拘⑤。

【注释】

①戆：憨厚而刚直。

② 介：耿直，刚直。

③ 隘：狭隘，指人心胸气量狭小。

④ 疏：疏远，不亲密。

⑤ 拘：拘泥，谨慎。

【译文】

看重一个人的直率，就要宽恕他的憨厚。看重一个人的质朴，就要宽恕他的愚钝。看重一个人的耿直，就要宽恕他的狭隘。看重一个人的恭敬，就要宽恕他的疏远、不亲密。看重一个人的能言善辩，就要宽恕他的放肆。看重一个人的诚信，就要宽恕他的拘泥、谨慎。

yù gāng gěng rén　xū nài tā lì qì　yù jùn yì rén
遇刚鲠人，须耐他戾气①。遇骏逸人②，
xū nài tā wàng qì　yù pǔ hòu rén　xū nài tā zhì qì　yù
须耐他妄气。遇朴厚人，须耐他滞气③。遇
tiāo dá rén　xū nài tā fú qì
佻达人④，须耐他浮气。

【注释】

① 戾气：暴躁，乖张，此处指脾气暴躁强横。

② 骏逸：指超群洒脱的气概。

③ 滞气：呆板，迟钝。

④ 佻达：轻薄放荡，轻浮。

【译文】

遇到刚强耿直的人，要忍耐他的暴躁强横。遇到气度洒脱的人，要忍耐他的狂妄。遇到质朴憨厚的人，要忍耐他的呆板。遇到轻薄放荡的人，要忍耐他的轻浮。

rén biǎn jí　wǒ shòu zhī yǐ kuān hóng　rén xiǎn zè
人褊急①，我受之以宽宏；人险仄②，
wǒ píng zhī yǐ tǎn dàng
我平之以坦荡。

【注释】

① 褊急：气量狭小，脾气暴躁。

② 险仄：阴险邪恶。

【译文】

别人气量狭小，我以宽宏大量对待他；别人阴险邪恶，我用坦荡的胸怀感化他。

chí shēn bù kě tài jiǎo jié yī qiè wū rǔ gòu huì yào rú nà de chǔ shì bù kě tài fēn míng yī qiè xián yú hǎo chǒu yào bāo róng de

持身不可太皎洁，一切污辱垢秽，要茹纳得；处世不可太分明，一切贤愚好丑，要包容得。

【译文】

修身不可太纯洁干净，要容忍得了一切肮脏丑恶；处事不可太过分明，要包容得下一切贤明愚蠢、美好丑陋。

yǔ zhòu zhī dà hé wù bù yǒu shǐ zé wù ér qǔ zhī ān dé bié lì yǔ zhòu zhì cǐ suǒ shě zhī wù rén xīn zhī guǎng hé rén bù róng shǐ zé rén ér hào zhī ān yǒu bié gè rén xīn fù róng suǒ wù zhī rén

宇宙之大，何物不有？使择物而取之，安得别立宇宙，置此所舍之物？人心之广，何人不容？使择人而好之，安有别个人心，复容所恶之人？

【译文】

世界之大，什么东西没有？假使只选取对自己有用的事物，难道还要再建立另外一个世界来容纳那些舍弃的事物吗？人心广阔，什么人不能包容？假使只选择自己喜欢的人来亲近，难道还要有另外一颗心来容纳那些厌恶的人吗？

北京潭柘寺弥勒佛殿楹联“大肚能容容天下难容之事，开口便笑笑世上可笑之人”。

dé shèng zhě　qí xīn hé píng　jiàn rén jiē kě qǔ　gù

德盛者，其心和平，见人皆可取，故

kǒu zhōng suǒ xǔ kě zhě zhòng　dé bó zhě　qí xīn kè ào

口中所许可者众；德薄者，其心刻傲，

jiàn rén jiē kě zēng　gù mù zhōng suǒ bǐ qì zhě zhòng

见人皆可憎，故目中所鄙弃者众①。

【注释】

①鄙弃：轻视，因厌恶而嫌弃。

【译文】

德行高尚的人，他的内心平和，看见每个人都能发现可取之处，所以他口中称赞的人很多；缺乏德行的人，他的内心刻薄傲慢，看见每个人都觉得面目可憎，所以他眼中轻视厌弃的人很多。

lǜ jǐ yí dài qiū fēng　chǔ shì xū dài chūn fēng

律己宜带秋风，处世须带春风。

【译文】

约束自己要像秋风一样严厉，与人相处要像春风一样温和。

ài rén ér rén bù ài jìng rén ér rén bù jìng jūn zǐ bì zì fǎn yě ài rén ér rén jí ài jìng rén ér rén jí jìng jūn zǐ yì jiā jǐn yě

爱人而人不爱，敬人而人不敬，君子必自反也；爱人而人即爱，敬人而人即敬，君子益加谨也。

【译文】

我关爱别人，别人却不关爱我；我尊敬别人，别人却不尊敬我。这时，作为君子一定要好好自我反省。我关爱别人，别人也关爱我；我尊敬别人，别人也尊敬我。这时，作为君子要更加谨慎。

rén ruò jìn xián liáng pì rú zhǐ yī zhāng yǐ zhǐ bāo lán shè yīn xiāng ér dé xiāng rén ruò jìn xié yǒu pì rú yī zhī liǔ yǐ liǔ guàn yú biē yīn chòu ér dé chòu

人若近贤良，譬如纸一张，以纸包兰麝①，因香而得香。人若近邪友，譬如一支柳，以柳贯鱼鳖，因臭而得臭。

【注释】

① 兰麝：兰与麝香，都是香料。

【译文】

人如果接近贤良之人，就好比一张白纸，用这张纸包裹兰和麝香，纸也会因此而变得芳香。人如果接近奸邪之人，就好比一支柳条，用这支柳条来穿鱼鳖，柳条也会因此而变得腥臭。

rén wèi zhī jǐ bù kě jí qiú qí zhī rén wèi jǐ hé bù kě jí yǔ zhī hé

人未知己，不可急求其知；人未己合，不可急与之合。

【译文】

别人不了解自己，不可以急于要求别人了解；别人与自己合不来，不可急于与之交往。

luò luò zhě nán hé　yī hé biàn bù kě lí　xīn xīn zhě
落落者难合[1]，一合便不可离；欣欣者
yì qīn　zhà qīn hū rán chéng yuàn
易亲[2]，乍亲忽然成怨。

【注释】

①落落者：孤独的人。落落，孤独的样子，形容跟别人合不来。

②欣欣者：爱说笑的人。欣欣，喜乐的样子。

【译文】

孤独的人不容易交往，一旦结交便不会分离；爱说笑的人容易亲近，但往往刚亲近没多久就互相怨恨了。

néng mèi wǒ zhě　bì néng hài wǒ　yí jiā yì fáng zhī
能媚我者，必能害我，宜加意防之；
kěn guī yú zhě　bì kěn zhù yú　yí qīng xīn tīng zhī
肯规予者，必肯助予，宜倾心听之[1]。

山东淄博的齐桓公雕像

齐桓公早期任用管仲为相，使齐国国力迅速强盛，成为天下诸侯的盟主。晚年他追求享乐，任用竖刁、易牙、开方等奸臣，致使自己在病重之时被奸臣软禁，活活饿死在病榻上。

【注释】

①倾心：尽心，诚心诚意。

【译文】

能讨好我的人，也一定能加害于我，所以应当留心、多加防范；肯规劝我的人，也一定肯帮助我，所以应当诚心诚意地听取他的劝诫。

chū yī gè dà shāng yuán qì jìn shì bù rú chū yī gè néng jī yīn dé píng mín jiāo yī gè dú pò wàn juàn xié shì bù rú jiāo yī gè bù shí yī zì duān rén

出一个大伤元气进士①，不如出一个能积阴德平民；交一个读破万卷邪士，不如交一个不识一字端人。

【注释】

① 大伤元气进士：指德行卑劣的官员。大伤元气，指上天赋予的品德遭到败坏。进士，代指官员。

【译文】

出一个德行卑劣的官员，还不如出一个能积德行善的老百姓；与一个读书万卷的奸邪之人交朋友，还不如结交一个不识一字的老实人。

wú shì shí mái cáng zhe xǔ duō xiǎo rén duō shì shí shí pò le xǔ duō jūn zǐ

无事时①，埋藏着许多小人；多事时，识破了许多君子。

古人用“疾风知劲草”形容在猛烈的大风中，可看出什么样的草是强劲的，在多事之秋，可检验出谁才是真正的君子。

【注释】

①无事：没有事故或麻烦。

【译文】

没有遇到麻烦时，人人看起来都是君子，其实隐藏着许多小人；遇到麻烦时，便能够识破许多伪君子。

yī zhǒng rén nán yuè yì nán shì zhǐ shì dù liàng biǎn xiá bù shī wéi jūn zǐ yī zhǒng rén yì shì yì yì yuè zhǐ shì tān wū ruǎn ruò bù miǎn wéi xiǎo rén

一种人难悦亦难事，只是度量褊狭，不失为君子；一种人易事亦易悦，只是贪污软弱，不免为小人。

【译文】

有那么一种人，难以取悦他也难以与他相处，其实只不过是度量狭小而已，仍不失为君子；有那么一种人，容易与他相处也容易取悦他，但其实内心贪婪、性格软弱，仍免不了是个小人。

dà è duō cóng róu chù fú shèn fáng mián lǐ zhī zhēn shēn chóu cháng zì ài zhōng lái yí fáng dāo tóu zhī mì

大恶多从柔处伏，慎防绵里之针①；深仇常自爱中来，宜防刀头之蜜。

【注释】

①绵里之针：即绵里藏针，比喻外表看似温柔软弱，实则内心狠毒强硬。

【译文】

大的罪恶多隐藏在柔软的地方，要小心提防绵里藏针；深仇大恨常常自爱中产生，应当防范刀尖上的蜜糖。

huì wǒ zhě xiǎo ēn xié wǒ wéi shàn zhě dà ēn hài wǒ zhě xiǎo chóu yǐn wǒ wéi bù shàn zhě dà chóu

惠我者小恩，携我为善者大恩；害我者小仇，引我为不善者大仇。

【译文】

给我好处是小恩，带领我行善才是大恩；加害于我是小仇，引诱我作恶才是大仇。

wú shòu xiǎo rén sī huì shòu zé ēn bù kě chóu wú fàn shì fū gōng nù fàn zé nù bù kě jiù

毋受小人私惠，受则恩不可酬；毋犯士夫公怒，犯则怒不可救。

【译文】

不要接受小人的恩惠，一旦接受便无法回报；不要触犯读书人的众怒，一旦触犯便无法平息。

xǐ shí shuō jìn zhī xīn dào shī xǐ xū fáng fā xiè nǎo shí shuō jìn shāng xīn kǒng zài hǎo zì jué xiū cán

喜时说尽知心，到失喜须防发泄；恼时说尽伤心，恐再好自觉羞惭。

【译文】

高兴时说尽知心话，到不高兴时便要防范对方的泄愤报复；恼怒时说尽伤人话，恐怕情况好转后自己都会觉得惭愧。

shèng xǐ zhōng wù xǔ rén wù shèng nù zhōng wù dá rén yán

盛喜中勿许人物，盛怒中勿答人言。

【译文】

特别高兴的时候不要许诺给别人东西，特别愤怒的时候不要回应他人的言语。

wán shí zhī zhōng liáng yù yǐn yān hán huī zhī zhōng xīng huǒ yù yān

顽石之中，良玉隐焉；寒灰之中，星火寓焉。

【译文】

顽石之中也许隐藏着美玉；寒冷的灰烬中也许还有未熄灭的火星。

jìng zuò cháng sī jǐ guò　xián tán mò lùn rén fēi

静坐常思己过，闲谈莫论人非。

【译文】

静坐时常常思考自己所犯的过错，闲谈时不要议论他人的错误和缺点。

duì chī rén mò shuō mèng huà　fáng suǒ wù yě　jiàn duǎn rén mò shuō ǎi huà　bì suǒ jì yě

对痴人莫说梦话，防所误也；见短人莫说矮话，避所忌也。

【译文】

对执迷不悟的人不要说不现实的话，这是为了防止误导他；见到个子矮的人不要说有关矮的话，这是为了避开他的忌讳。

miàn yú zhī cí　yǒu shí zhě wèi bì yuè xīn　bèi hòu zhī yì　shòu hàn zhě cháng zhì kè gǔ

面谀之词①，有识者未必悦心；背后之议，受憾者常至刻骨②。

【注释】

① 面谀：当面恭维奉承。

② 受憾者：受到议论而心怀怨恨的人。憾，怨恨。

【译文】

当面的恭维，有见识的人未必真正高兴；背后的非议，会使被议论的人有刻骨铭心的怨恨。

gōng rén zhī è wú tài yán　yào sī qí kān shòu　jiào rén yǐ shàn wú guò gāo　dāng shǐ qí kě cóng

攻人之恶毋太严，要思其堪受；教人以善毋过高，当使其可从。

【译文】

批评他人的错误不要太过苛刻，要考虑对方能否承受；教导他人向善不可要求过高，应当使他能做得到。

hù xiāng tóng zǐ zé jìn zhī kāi qí shàn yě què dǎng tóng zǐ zé yì zhī miǎn qí xué yě

互乡童子则进之①，开其善也；阙党童子则抑之②，勉其学也。

【注释】

① 互乡童子：代指没有受到良好教育的学生。

② 阙党童子：代指受到良好教育的学生。

【译文】

没有受到良好教育的学生要促进他们学习，开导他们行善积德；受到过良好教育的学生要适度压制他们的自满，勉励他们努力学习。

bù kě wú bù kě yī shì zhī shí bù kě yǒu bù kě yī rén zhī xīn

不可无不可，一世之识；不可有不可，一人之心。

【译文】

总有些事是办不到的，这是世间常理；没有办不到的事情，这是雄心壮志。

shì yǒu jí zhī bù bái zhě huǎn zhī huò zì míng wú jí zào yǐ shù qí lì rén yǒu cāo zhī bù cóng zhě zòng zhī huò zì huà wú cāo qiè yǐ yì qí wán

事有急之不白者，缓之或自明，毋急躁以束其戾；人有操之不从者①，纵之或自化，毋操切以益其顽。

【注释】

① 操：控制，掌管。

【译文】

碰到事情急迫并且弄不明白的，也许从容不迫地处理就自然明白了，不要因急躁而使问题加剧；碰到人想管理却不服从管理的，也许放任反而会使他顺服，不要因过度管教而使他更加顽劣。

yù jīn cái zhě wú yǐ cái xiāng jīn dàn yǐ yú dí qí cái biàn kě yā dǎo yù xuàn qí zhě wú yǐ qí xiāng xuàn dàn yǐ cháng dí qí qí biàn kě pò chú

遇矜才者，毋以才相矜，但以愚敌其才，便可压倒；遇炫奇者[①]，毋以奇相炫，但以常敌其奇，便可破除。

【注释】

① 炫奇：炫耀奇特。

【译文】

遇到以才智自夸的人，不要用才智与他比较，只要用愚钝去对抗他的才智，便可以压倒他；遇到爱炫耀奇特的人，不要用奇特的事物与他比较，只要用平常的东西去对抗他的新奇之物，便可以破除他爱炫耀的心态。

zhí dào shì rén xū zhōng yù wù

直道事人，虚衷御物[①]。

【注释】

① 御物：驾驭万物。

【译文】

以直率真诚与人相处，以谦虚公正驾驭万物。

bù jìn rén qíng jǔ zú jìn shì wēi jī bù tǐ wù qíng yī shēng jù chéng mèng jìng

不近人情，举足尽是危机；不体物情，一生俱成梦境。

【译文】

做事不合乎人情世故，一开始做就会面对重重困难；不体察事物情理，一生都会成为虚无缥缈的梦境。

jǐ xìng bù kě rèn dāng yòng nì fǎ zhì zhī qí dào zài
己性不可任，当用逆法制之，其道在
yī rěn zì rén xìng bù kě fú dāng yòng shùn fǎ tiáo zhī qí
一忍字；人性不可拂，当用顺法调之，其
dào zài yī shù zì
道在一恕字①。

【注释】

①恕：原谅，宽容。

【译文】

性情不可以放任，应当用违逆的方法加以控制，这种方法的关键在于一个“忍”字；人性不可以违背，应当用顺应的方法加以调节，这种方法的关键在于一个“恕”字。

chóu mò shēn yú bù tǐ rén zhī sī ér yòu kǔ zhī huò
仇莫深于不体人之私，而又苦之；祸
mò dà yú bù huì rén zhī duǎn ér yòu jié zhī
莫大于不讳人之短，而又讦之。

【译文】

仇恨莫过于不体谅他人的苦衷，而又挖苦他；灾祸莫过于不避讳别人的缺点，而又攻击他。

rǔ rén yǐ bù kān bì fǎn rǔ shāng rén yǐ yǐ shèn bì
辱人以不堪必反辱①，伤人以已甚必
fǎn shāng
反伤。

【注释】

①不堪：忍受不了。

【译文】

侮辱别人使人无法忍受，最终必定会使自己遭受侮辱；伤害别人伤得太深，最终必定会使自己受到伤害。

chǔ fù guì zhī shí　yào zhī pín jiàn de tòng yǎng　zhí shào zhuàng zhī rì　xū niàn shuāi lǎo de xīn suān

处富贵之时，要知贫贱的痛痒[1]；值少壮之日，须念衰老的辛酸。

【注释】

①痛痒：比喻疾苦。

【译文】

处在富贵的环境时，要知晓生活贫困之人的疾苦；正值年轻力壮的时候，要顾念年老后的辛酸。

rù ān lè zhī chǎng　dāng tǐ huàn nàn rén jǐng kuàng　jū páng guān zhī dì　wù xī jú nèi rén kǔ xīn

入安乐之场，当体患难人景况；居旁观之地，务悉局内人苦心[1]。

【注释】

①悉：知道。　局内人：当事者。

【译文】

处于安乐的环境之中，要体谅遭受苦难之人的状况；处于旁观的地位时，务必要了解当事者的苦心。

dài rén sān zì fǎn　chǔ shì liǎng rú hé

待人三自反，处世两如何[1]。

【注释】

①两如何：指对事物对立两面的终极追问，如追问富贵能如何，贫穷又能如何。然后得出结论，即无论处在事物哪面都各有痛苦和快乐。最终教人心态平和，顺从天命。

【译文】

对待他人要再三反省自己，面对世事要心态平和。

dài fù guì rén bù nán yǒu lǐ ér nán yǒu tǐ dài pín jiàn rén bù nán yǒu ēn ér nán yǒu lǐ

待富贵人，不难有礼而难有体；待贫贱人，不难有恩而难有礼。

【译文】

对待富贵的人，不难做到有礼，而难做到得体；对待贫贱的人，不难做到有恩，而难做到有礼。

duì chóu rén wù lè duì kū rén wù xiào duì shī yì rén wù jīn

对愁人勿乐，对哭人勿笑，对失意人勿矜。

【译文】

面对愁苦的人不要表现出欢喜之情，面对哭泣的人不要露出笑容，面对不得志的人不要夸耀自己的成就。

jiàn rén bèi yǔ wù qīng ěr qiè tīng rù rén sī shì wù cè mù páng guān dào rén àn tóu wù xìn shǒu luàn fān

见人背语，勿倾耳窃听。入人私室，勿侧目旁观。到人案头，勿信手乱翻。

【译文】

看见别人背着自己说话，不要侧着耳朵偷听。进入别人的房间，不要东瞧西看。到别人的书桌前，不要随手乱翻。

bù dǎo wú rén zhī shì bù rù yǒu shì zhī mén bù chǔ cáng wù zhī suǒ

不蹈无人之室，不入有事之门，不处藏物之所。

【译文】

不要走进没有人的房间，不要介入他人的是非争端，不要待在储藏物品的地方。

sú yǔ jìn yú shì　xiān yǔ jìn yú chāng　hùn yǔ jìn yú yōu

俗语近于市，纤语近于娼，诨语近于优[①]。

【注释】

① 诨语：开玩笑，诙谐可笑的话。　优：古代演戏的人。

【译文】

粗俗的话语近似于市井小人所说，纤细柔媚的话语近似于娼妓所说，说笑打趣的话语近似于演戏之人所说。

wén jūn zǐ yì lùn　rú chuò kǔ míng　sēn yán zhī hòu　gān fāng yì jiá　wén xiǎo rén chǎn xiào　rú jiáo táng shuāng　shuǎng měi zhī hòu　hán hù níng xiōng

闻君子议论，如啜苦茗[①]，森严之后[②]，甘芳溢颊；闻小人谄笑，如嚼糖霜[③]，爽美之后，寒沍凝胸[④]。

【注释】

① 啜：饮，吃。

② 森严：此处指苦涩的茶味。

③ 糖霜：即糖。

④ 寒沍凝胸：寒冷冻结郁积在胸中。沍，冻结。凝，郁积，凝结。

【译文】

听君子议论，如喝苦茶，苦涩过后，甘甜芳香充溢口颊；听小人谄媚赔笑，如嚼白糖，爽口过后，寒冷之感郁积胸中。

fán wéi wài suǒ shèng zhě　jiē nèi bù zú　fán wéi xié suǒ duó zhě　jiē zhèng bù zú

凡为外所胜者，皆内不足；凡为邪所夺者，皆正不足。

【译文】

凡是被外部原因战胜的，都是因为自身修养不足；凡是被邪恶战胜的，都是因为自身正气不足。

cún hū tiān zhě　yú wǒ wú yù yě　qióng tōng dé sàng

存乎天者，于我无与也；穷通得丧，

wú tīng zhī ér yǐ　cún hū wǒ zhě　yú rén wú yù yě　huǐ

吾听之而已。存乎我者，于人无与也；毁

yù shì fēi　wú zhì zhī ér yǐ

誉是非，吾置之而已。

【译文】

由上天决定的，我无法参与；穷困、通达、得到、失去，我只能听凭安排。由我自己决定的，别人无法干涉；诋毁、赞誉、正确、错误，我置之不理便可。

xiǎo rén lè wén jūn zǐ zhī guò　jūn zǐ chǐ wén xiǎo rén zhī è

小人乐闻君子之过，君子耻闻小人之恶。

【译文】

小人乐于听到君子的过错，君子耻于听到小人的恶行。

mù rén shàn zhě　wù wèn qí suǒ yǐ shàn　kǒng nǐ yì zhī niàn

慕人善者，勿问其所以善，恐拟议之念

shēng　ér xiào fǎ zhī niàn wēi yǐ　jì rén qióng zhě　wù wèn qí suǒ

生①，而效法之念微矣；济人穷者，勿问其所

yǐ qióng　kǒng zēng wù zhī xīn shēng　ér cè yǐn zhī xīn mǐn yǐ

以穷，恐憎恶之心生，而恻隐之心泯矣②。

【注释】

① 拟议：行动之前的计划，筹划。

② 恻隐：怜悯。

【译文】

仰慕他人的善行，不要询问他人为何行善，以免只偏重行善前的谋划，而忽略了学习行善的念头；救济穷人，不要询问他为何贫穷，以免产生厌恶之感，而泯灭了怜悯之心。

shí qióng shì cù zhī rén dāng yuán qí chū xīn gōng chéng míng lì zhī shì dāng guān qí mò lù
时穷势蹙之人[①]，当原其初心；功成名立之士，当观其末路[②]。

【注释】

① 穷、蹙：窘迫，困厄。

② 末路：下场，结局。

【译文】

穷困窘迫的人，应当还原他当初的志向；功成名就的人，应当观察他最终的结局。

zōng duō lì luàn dìng yǒu bì bù dé yǐ zhī sī yán dào zhī lí cái shì wú kě nài hé zhī chù
踪多历乱，定有必不得已之私；言到支离[①]，才是无可奈何之处。

【注释】

① 支离：支吾，说话吞吞吐吐，含糊不清。

【译文】

经历了许多坎坷磨难，一定有迫不得已的苦衷；说话吞吞吐吐不愿直说，应该是感到无可奈何了吧。

huì bù zài dà zài hū dāng è yuàn bù zài duō zài hū shāng xīn
惠不在大，在乎当厄。怨不在多，在乎伤心。

【译文】

恩惠不在大小，而在于接受恩惠的人是否处于困境。怨恨不在多少，而在于是否刺痛彼此的内心。

wú yǐ xiǎo xián shū zhì qī wú yǐ xīn yuàn wàng jiù ēn
毋以小嫌疏至戚[①]，毋以新怨忘旧恩。

【注释】

①嫌：厌恶，不满。　至戚：最亲近的亲属，此处泛指亲友。

【译文】

不要因为一点小小的不满就疏远亲友，不要因为新结下的怨恨就忘记过去的恩情。

liǎng huì wú bù shì zhī yuàn　liǎng qiú wú bù hé zhī jiāo
两惠无不释之怨，两求无不合之交，
liǎng nù wú bù chéng zhī huò
两怒无不成之祸。

【译文】

双方都给对方好处，便没有不可消除的怨恨；双方都追求和睦，便没有不和睦的交情；双方都埋怨、迁怒于对方，便没有无法酿成的灾祸。

gǔ zhī míng wàng xiāng jìn　zé xiāng dé　jīn zhī míng
古之名望相近，则相得①；今之名
wàng xiāng jìn　zé xiāng dù
望相近，则相妒。

【注释】

①相得：相处得很好。

【译文】

古时候名望相近的人相处得很好，如今名望相近的人却互相嫉妒。

齐家类

【题解】

本章主要讲如何使家庭兴旺和谐。可以分成两部分来理解，即管理家庭内外事务和处理家庭成员之间的关系。在管理家庭事务上，编者告诉人们要勤俭持家，谨慎办事，更要对家庭成员及家中仆人严格约束。在处理家庭成员之间关系上，则告诉人们对父母要尊重孝顺，这种尊重和孝顺体现在对父母心愿的遵循和继承上。其次，在处理兄弟间关系时要多为家族着想、多为对方着想。最后，提醒人们要注意教育子女的重要性。教育好子女，不仅可以使子女过上好日子，自己也会得到子女的孝敬和关怀，家族也会因此和睦兴旺。此外，本章也谈及了关于婚丧嫁娶的一些事情。无论是子女晚辈的喜事，还是父母长辈的丧事，都应以德为先、以礼为先，如果将婚丧嫁娶当成是讨价还价的买卖和为自己谋利的手段，则大错特错了。“齐家类”论及的家庭类型是传统社会中的大家族，虽然与当下的现代家庭有较大区别，但子女应当孝顺父母、勤俭持家、谨慎办事等原则在现代家庭中同样适用。此外，对于教育子女的问题，编者不仅注重对子女“才”的教育，更注重对子女“德”的教育，这种观念尤其值得我们学习吸取。

qín jiǎn zhì jiā zhī běn hé shùn qí jiā zhī běn
勤俭，治家之本[①]。和顺，齐家之本[②]。
jǐn shèn bǎo jiā zhī běn shī shū qǐ jiā zhī běn zhōng
谨慎，保家之本。诗书，起家之本[③]。忠
xiào chuán jiā zhī běn
孝，传家之本[④]。

【注释】

① 治家：持家，管理家事。

② 齐家：理顺家族成员之间的关系，使家族和睦团结。

③ 起家：使家族兴旺。

④ 传家：家族世代相传。

【译文】

勤劳俭朴，是管理家事的根本。和睦顺畅，

齐白石绘《送子拜师图》

是促使家族和谐团结的根本。谨慎小心，是保障家族平安的根本。诗书礼仪，是推动家族兴旺的根本。忠孝伦理，是维持家族世代相传的根本。

tiān xià wú bù shì de fù mǔ　shì jiān zuì nán dé zhě xiōng dì
天下无不是底父母，世间最难得者兄弟。

【译文】

天底下没有不对的父母，世界上最难得的是自家兄弟。

yǐ fù mǔ zhī xīn wéi xīn　tiān xià wú bù yǒu zhī xiōng dì
以父母之心为心，天下无不友之兄弟。
yǐ zǔ zōng zhī xīn wéi xīn　tiān xià wú bù zhī zhī zú rén　yǐ
以祖宗之心为心，天下无不知之族人。以
tiān dì zhī xīn wéi xīn　tiān xià wú bù ài zhī mín wù
天地之心为心，天下无不爱之民物①。

【注释】

①民物：泛指人民和万物。

【译文】

如果都能站在父母的角度去考虑问题，那么天底下就没有不相亲相爱的兄弟。如果都能站在祖宗的角度去考虑问题，那么天底下就没有互相残害的家族成员。如果都能站在天地的角度去考虑问题，那么天底下就没有不值得关爱的百姓和事物。

rén jūn yǐ tiān dì zhī xīn wéi xīn　rén zǐ yǐ fù mǔ zhī
人君以天地之心为心，人子以父母之
xīn wéi xīn　tiān xià wú bù yī zhī xīn yǐ　chén gōng yǐ cháo
心为心，天下无不一之心矣；臣工以朝
tíng zhī shì wéi shì　nú pú yǐ jiā zhǔ zhī shì wéi shì　tiān
廷之事为事①，奴仆以家主之事为事，天
xià wú bù yī zhī shì yǐ
下无不一之事矣。

【注释】

①臣工：泛指大臣。

【译文】

如果君主能够站在天地的角度去考虑问题，子女能够站在父母的角度去考虑问题，那么天底下就没有不一致的想法；如果大臣能将朝廷的事当作自己的事，仆人能将主人的事当作自己的事，那么天底下就没有不一致的事情。

xiào mò cí láo zhuǎn yǎn biàn wéi rén fù mǔ shàn wú
孝莫辞劳，转眼便为人父母。善毋
wàng bào huí tóu dàn kàn ěr zǐ sūn zǐ zhī xiào bù rú shuài
望报，回头但看尔子孙。子之孝，不如率
fù yǐ wéi xiào fù néng yǎng qīn zhě yě gōng gū dé yī xiào
妇以为孝，妇能养亲者也。公姑得一孝
fù shèng rú dé yī xiào zǐ fù zhī xiào bù rú dǎo sūn
妇①，胜如得一孝子。妇之孝，不如导孙
yǐ wéi xiào sūn néng yú qīn zhě yě zǔ fù dé yī xiào sūn
以为孝，孙能娱亲者也。祖父得一孝孙，
yòu zēng yī bèi xiào zǐ
又增一辈孝子。

【注释】

①公姑：即公婆。

【译文】

尽孝道不要怕劳苦，因为转眼间自己便会为人父母。积德行善不要期望回报，回头看看自己的满堂儿孙，不就是最大的回报吗？儿子尽孝，不如率领媳妇一起尽孝，因为媳妇是实质上奉养照料父母的人。公婆得到一个孝顺的儿媳妇，胜过得到一个孝子。儿媳妇尽孝道，不如教导孙子尽孝道，孙子能使父母得到快乐。祖父母得到一个孝顺的孙子，就又增添了一辈孝子。

fù mǔ suǒ yù wéi zhě wǒ jì shù zhī fù mǔ suǒ zhòng niàn zhě wǒ qīn hòu zhī
父母所欲为者，我继述之[①]；父母所重念者，我亲厚之。

【注释】

①继述：继承。述，遵循。

【译文】

父母想做而没来得及做的事，我要继承下来去完成它；父母常常挂念的人，我要亲近厚待他。

hūn ér lùn cái jiū yě fū fù zhī dào sàng zàng ér qiú fú jiū yě fù zǐ zhī ēn jué
婚而论财，究也夫妇之道丧[①]。葬而求福，究也父子之恩绝。

【注释】

①究：终究，到底。

【译文】

两家结婚却在财礼的多少上讨价还价，夫妇之道终究会丧失。靠选择风水宝地埋葬亲人来保佑自己，父子的恩情终究会断绝。

jūn zǐ yǒu zhōng shēn zhī sàng jì rì shì yě jūn zǐ yǒu bǎi shì zhī yǎng qiū mù shì yě
君子有终身之丧，忌日是也；君子有百世之养，邱墓是也[①]。

【注释】

①邱墓：即坟墓。

【译文】

君子有终身服丧的那天，父母的忌日便是；君子有后人百世的奉养，死后的坟墓便是。

xiōng dì yī kuài ròu fù rén shì dāo zhuī xiōng dì yī fǔ gēng fù rén shì yán méi
兄弟一块肉，妇人是刀锥；兄弟一釜羹，妇人是盐梅[1]。

【注释】

① 盐梅：盐和梅子。盐味咸，梅味酸，都是调味的必需品。

【译文】

亲兄弟如是一块肉，妻子就如同分割肉的刀和锥；亲兄弟如是一锅汤，妻子就好比调汤味的盐和梅子。

xiōng dì hé qí zhōng zì lè zǐ sūn xián cǐ wài hé qiú
兄弟和，其中自乐；子孙贤，此外何求！

【译文】

兄弟和睦，其中自有快乐；子孙贤能，便别无他求了。

xīn shù bù kě dé zuì yú tiān dì yán xíng yào liú hǎo yàng yǔ ér sūn
心术不可得罪于天地，言行要留好样与儿孙。

丰子恺绘《爸爸回来了》

父母是孩子最好的老师，孩子总在有意无意间模仿父母的行为，所以在教育子孙方面一定要以身作则，为子孙树立良好的榜样。

【译文】

心术不可以对不起天地良心，言行要为子孙做好榜样。

xiàn zài zhī fú jī zì zǔ zōng zhě bù kě bù xī
现在之福，积自祖宗者，不可不惜；
jiāng lái zhī fú yí yú zǐ sūn zhě bù kě bù péi xiàn zài
将来之福，贻于子孙者，不可不培。现在
zhī fú rú diǎn dēng suí diǎn zé suí jié jiāng lái zhī fú rú tiān
之福如点灯，随点则随竭；将来之福如添
yóu yù tiān zé yù míng
油，愈添则愈明。

【译文】

现在享受的福气，是祖宗积累下来的，不能不多加珍惜；将来的福气，是留给子孙享用的，不能不好好培养。现在享受的福气就像点油灯，只要点亮便会消耗直至耗尽灯油；将来的福气就像给油灯添油，越添油灯火便越明亮。

wèn zǔ zōng zhī zé wú xiǎng zhě shì dāng niàn jī lěi zhī
问祖宗之泽，吾享者是，当念积累之
nán wèn zǐ sūn zhī fú wú yí zhě shì yào sī qīng fù zhī yì
难；问子孙之福，吾贻者是，要思倾覆之易。

【译文】

问祖宗的惠泽在哪儿？我正享受着的便是，所以应当想到积累的艰难；问子孙的福气在哪儿？我遗留给他们的便是，所以要想到败家的容易。

yào zhī qián shì yīn jīn shēng shòu zhě shì wú wèi zuó
要知前世因①，今生受者是；吾谓昨
rì yǐ qián ěr zǔ ěr fù jiē qián shì yě yào zhī hòu shì
日以前，尔祖尔父，皆前世也。要知后世
yīn jīn shēng zuò zhě shì wú wèi jīn rì yǐ hòu ěr zǐ ěr
因，今生作者是；吾谓今日以后，尔子尔
sūn jiē hòu shì yě
孙，皆后世也。

【注释】

①前世因：前世修下的因果报应。

【译文】

要想知道前世修下的因果报应，今生遭受的就是；我指的前世是昨天之前，你的祖父和父亲都是前世。要想知道后世的因果报应，今生所做的事就是；我指的后世是今天之后，你的儿子和孙子都是后世。

zǔ zōng fù guì zì shī shū zhōng lái zǐ sūn xiǎng fù
祖宗富贵，自诗书中来，子孙享富
guì zé qì dú shū yǐ zǔ zōng jiā yè zì qín jiǎn zhōng
贵，则弃读书矣；祖宗家业，自勤俭中
lái zǐ sūn xiǎng jiā yè zé wàng qín jiǎn yǐ
来，子孙享家业，则忘勤俭矣。

【译文】

祖宗的富贵来自于诗书，子孙享受着富贵却抛弃了读书；祖宗的家业来自于勤俭，子孙享受着家业却忘记了勤俭。

jìn chù bù néng gǎn dòng wèi yǒu néng jí yuǎn zhě xiǎo
近处不能感动，未有能及远者。小
chù bù néng tiáo lǐ wèi yǒu néng zhì dà zhě qīn zhě bù néng
处不能调理，未有能治大者。亲者不能
lián shǔ wèi yǒu néng gé shū zhě yī jiā shēng lǐ bù néng
联属①，未有能格疏者②。一家生理不能
quán bèi wèi yǒu néng ān yǎng bǎi xìng zhě yī jiā zǐ dì
全备③，未有能安养百姓者。一家子弟
bù shuài guī jǔ wèi yǒu néng jiào huì tā rén zhě
不率规矩④，未有能教诲他人者。

【注释】

①联属：联合。

②格疏：管理关系疏远的人。格，纠正，此处引申为管理。疏，关系

疏远的人。

③生理：此处指生活所需。 备：具备，完备，齐全。

④不率：不服从，不遵守。

【译文】

身边的人都不能感动，更不用说感动远方的人了。小的事情都不能管理好，更不用说治理大的事情了。家族亲人尚且不能联合，更无从管理关系疏远的人了。一家日常生活所需都不能齐备，更不用说安抚、奉养百姓了。一家子弟都不守规矩，更不用说教导他人了。

zhì lè wú rú dú shū zhì yào mò rú jiào zǐ
至乐无如读书，至要莫如教子。

【译文】

最快乐的事情莫过于读书，最重要的事情莫过于教子。

zǐ dì yǒu cái zhì qí ài wú chí qí huì gù bù yǐ jiāo bài
子弟有才，制其爱毋弛其诲，故不以骄败；
zǐ dì bù xiào yán qí huì wú bó qí ài gù bù yǐ yuàn lí
子弟不肖①，严其诲毋薄其爱，故不以怨离。

【注释】

①不肖：没有出息。

【译文】

子女有才华，要控制对他们的宠爱，不要放松对他们的教导，这样才不会使他们因骄傲而失败；子女没有出息，要严加教导，不要减少对他们的关爱，只有这样才不会使他们因心怀怨恨而离开。

yǔ zé guò rùn wàn wù zhī zāi yě ēn chóng guò lǐ
雨泽过润，万物之灾也。恩崇过礼，
chén qiè zhī zāi yě qíng ài guò yì zǐ sūn zhī zāi yě
臣妾之灾也。情爱过义，子孙之灾也。

【译文】

雨下得太多便是万物的灾难。恩宠超过了礼法的限制，便是臣子和小妾的灾难。疼爱超出了道义的限制，便是子孙的灾难。

ān xiáng gōng jìng shì jiào xiǎo ér dì yī fǎ gōng zhèng
安详恭敬，是教小儿第一法；公正
yán míng shì zuò jiā zhǎng dì yī fǎ
严明，是做家长第一法。

【译文】

神情安详、态度恭敬，这是教育小孩子的首要原则；处事公正严明，这是做家长的首要方法。

rén yī xīn xiān wú zhǔ zǎi rú hé zhěng lǐ de yī shēn
人一心先无主宰，如何整理得一身
zhèng dàng rén yī shēn xiān wú guī jǔ rú hé tiáo jì de yī
正当？人一身先无规矩，如何调剂得一
jiā sù mù róng de xìng qíng shàng piān sī biàn shì dà xué
家肃穆？融得性情上偏私①，便是大学
wèn xiāo de jiā tíng zhōng xián xì biàn shì dà jīng lún
问；消得家庭中嫌隙②，便是大经纶。

【注释】

①融：此处指消除。 偏私：袒护私情，不公正。

②嫌隙：因猜疑或不满而产生的厌恶、仇怨。

【译文】

人的心中没有正确的观念作为主宰，如何使自己品行端正？人的身上没有正确的行为规范，如何使全家上下整肃有序？能消除自身性情上的袒护偏颇，便是大学问；能消除家庭中的仇怨，便是大才能。

yù péng yǒu jiāo yóu zhī shī yí kǎi qiè bù yí yóu yí
遇朋友交游之失，宜剀切①，不宜游移②；
chǔ jiā tíng gǔ ròu zhī biàn yí wěi qū bù yí jī liè
处家庭骨肉之变，宜委曲，不宜激烈。

【注释】

① 剀切：恳切规劝。

② 游移：犹豫不决。

【译文】

遇到朋友交往过程中的过失，应当恳切规劝，而不应犹豫不决；处理家庭亲人之间的矛盾，应当克制忍耐，而不应激烈争执。

wèi yǒu hé qì cuì yān ér jiā bù jí chāng zhě wèi yǒu lì qì jié yān ér jiā bù shuāi bài zhě

未有和气萃焉[1]，而家不吉昌者；未有戾气结焉，而家不衰败者。

【注释】

① 萃：聚集。

【译文】

从来没有家人关系融洽和睦，而家庭不吉祥昌盛的；从来没有家人相互争斗，而家庭不衰落败亡的。

guī mén zhī nèi bù chū xì yán zé xíng yú zhī huà xíng yǐ fáng wéi zhī zhōng bù wén xì xiào zé xiāng jìng zhī fēng zhù yǐ

闺门之内，不出戏言，则刑于之化行矣[1]；房帷之中，不闻戏笑，则相敬之风著矣。

【注释】

① 刑于之化：指大丈夫不仅能以身作则，还能用道德、礼法来约束教导妻子。

【译文】

家门之内，没有戏闹的言语，则规范约束夫妇的礼法教化已然推行；内室之中，没有轻薄的嬉笑，则夫妇互相敬重的风气已然形成。

rén zhī yú dí shì yě　yí fáng qí bì zǐ zhī guò　rén zhī yú jì shì yě　yí fáng qí wū zǐ zhī guò

人之于嫡室也，宜防其蔽子之过；人之于继室也，宜防其诬子之过。

【译文】

对于正妻，应当防范她掩饰自己子女的过错；对于后娶的妻子，应当防范她诬告正妻子女的过错。

pú suī néng　bù kě shǐ yù nèi shì　qī suī xián　bù kě shǐ yù wài shì

仆虽能，不可使与内事；妻虽贤，不可使与外事。

【译文】

仆人虽然有才能，但不可使他参与家庭内部的事务；妻子虽然贤惠，但不可使她参与家庭之外的事务。

nú pú dé zuì yú wǒ zhě shàng kě shù　dé zuì yú rén zhě bù kě shù　zǐ sūn dé zuì yú rén zhě shàng kě shù　dé zuì yú tiān zhě bù kě shù

奴仆得罪于我者尚可恕，得罪于人者不可恕；子孙得罪于人者尚可恕，得罪于天者不可恕。

【译文】

家中仆人得罪我尚可宽恕，但得罪外人则坚决不能宽恕；子孙得罪外人尚可宽恕，但得罪天则坚决不可宽恕。

nú zhī bù xiáng　mò guò yú chuán zhǔ rén zhī bàng yǔ　zhǔ zhī bù xiáng　mò dà yú xìn pú bì zhī zèn yán

奴之不祥，莫过于传主人之谤语；主之不祥，莫大于信仆婢之谮言[1]。

【注释】

① 谮言：诬陷，说别人的坏话。

【译文】

仆人的多事，莫过于跟别人说诽谤主人的话；主人的灾难，莫过于听信仆人诬陷别人的坏话。

zhì jiā yán jiā nǎi hé jū xiāng shù xiāng nǎi mù zhì
治家严，家乃和；居乡恕，乡乃睦。治
jiā jì kuān ér yóu jì yán jū jiā jì shē ér yóu jì sè
家忌宽，而尤忌严；居家忌奢，而尤忌啬①。

【注释】

① 啬：吝啬，小气，该用的财物舍不得用。

【译文】

治家严格，家庭才会和睦；居住乡里，处事宽容，邻里才能和睦。治家切忌宽松，更忌太严；持家过日子切忌奢侈，更忌太吝啬。

wú zhèng jing rén jiāo jiē qí rén bì shì jiān xié wú
无正经人交接①，其人必是奸邪；无
qióng qīn yǒu wǎng lái qí jiā bì rán shì lì
穷亲友往来，其家必然势利。

【注释】

① 正经人：正派的人。

【译文】

没有正派人与之交往，那他必定是个奸邪小人；没有贫穷的亲戚朋友与之来往，那他必定是个势利小人。

rì guāng zhào tiān qún wù jiē zuò rén líng yú tiān mèi
日光照天，群物皆作，人灵于天，寐
ér bù jué shì wèi tiān qǐ rén bù qǐ bì wéi tiān shén suǒ qiǎn
而不觉，是谓天起人不起，必为天神所谴，

rú jūn shàng lín cháo chén xià gāo wò shī wù bù miǎn fá zé
如君上临朝，臣下高卧失误，不免罚责；
yè lòu sān gēng qún wù jiē xī rén líng yú wù yān jiǔ chén
夜漏三更，群物皆息，人灵于物，烟酒沉
nì shì wèi dì mián rén bù mián bì wéi dì qí suǒ hē rú
溺，是谓地眠人不眠，必为地祇所诃，如
jiā zhǔ yù shuì pú bì xuān nào bù xiū dìng zāo biān chī
家主欲睡，仆婢喧闹不休，定遭鞭笞。

【译文】

太阳高照，万物苏醒，人为万物之灵，仍然大睡不起，这是天起人不起，必定会遭到天神的谴责，就好比皇帝已经上朝，而大臣还在睡觉耽误了时间，这样的大臣免不了要受到惩罚；夜半时分，万物安息，人为万物之灵，沉溺于烟酒，这是地眠人不眠，必定会遭到地神的斥责，就好比家里主人正要睡觉，而仆人们却吵闹不休，这样的仆人注定要遭到鞭打。

lóu xià bù yí gòng shén lǜ lóu shàng zhī huì xiè wū
楼下不宜供神，虑楼上之秽亵[①]；屋
hòu bì xū kāi hù fáng wū qián zhī huǒ zāi
后必须开户[②]，防屋前之火灾。

【注释】

① 秽亵：污秽猥亵等不雅的行为。

② 开户：开门。

【译文】

楼下不宜供奉神明，考虑到楼上的不雅行为可能会亵渎神明；屋后必须开通一扇门，以防屋前发生火灾。

从政类

【题解】

本章主要讲为官从政的原则和操守。内容与前几章相比更为具体，也更能体现时代的印记。编者认为，作为一名官员，首先不应将自己凌驾于百姓之上，要懂得尊重百姓，要发自内心地关爱百姓。其次，在日常管理中，要以诚信对待百姓，不要轻易打扰百姓的日常生活。尤其在征收赋税时，切不可使百姓受到惊扰。另外，不要乱发空头文件，要对官府中的小官吏们严加管束，这样才能真正做到不打扰百姓。简而言之，就是提倡严格治吏、宽和养民。最后，为官一任要上对得起国家，下对得起民众，要坚守节操、严肃谨慎，不可有半点私心。本章谈及的为官原则和操守虽然产生自封建社会，其所强调的官员的爱民之心和人格培养同样适用于当下。此外，本章还加入了一些“因果报应”的观念，尽管这带有迷信色彩，但在一定程度上导人向善，具有一定的积极意义，当代读者应有选择性地吸取借鉴。

yǎn qián bǎi xìng jí ér sūn mò wèi bǎi xìng kě qī piàn
眼前百姓即儿孙，莫谓百姓可欺骗，
qiě liú xià ér sūn dì bù táng shàng yī guān chēng fù mǔ
且留下儿孙地步；堂上一官称父母，
màn dào yī guān hǎo zuò hái jìn xiē fù mǔ ēn qíng
漫道一官好做①，还尽些父母恩情。

【注释】

①漫道：别说，不要说，不要觉得。

【译文】

眼前的百姓就好比是自己的儿孙，不要觉得百姓好欺负，应该为自己的儿孙留出余地；公堂上的官员被称为父母官，不要觉得这个官好当，应该为百姓尽到父母官的恩情。

shàn tǐ lí shù qíng cǐ wèi mín zhī fù mǔ guǎng xíng
善体黎庶情①，此谓民之父母；广行
yīn zhì shì yǐ néng bǎo wǒ zǐ sūn
阴骘事②，以能保我子孙。

【注释】

① 黎庶情：百姓民情。黎庶，指黎民百姓。

② 阴骘：阴德。

【译文】

做官要善于体察民情，这便是所谓民之父母；多做善事、广积德行，以此来保佑我们的子孙后代。

fēng zèng fù zǔ yì dé yě wú shǐ rén tuò mà fù zǔ nán dé yě ēn yìn zǐ sūn yì dé yě wú shǐ wǒ dú hài zǐ sūn nán dé yě

封赠父祖①，易得也，无使人唾骂父祖，难得也；恩荫子孙②，易得也，无使我毒害子孙，难得也。

【注释】

① 封赠：父母因子孙为官而获得官爵。封建时代帝王推恩于臣下，将官爵授予臣下的父母，父母在世称"封"，不在世称"赠"。

② 荫：荫庇，庇护。

【译文】

为祖宗争取封赠荣耀，这是容易做到的，而不使人唾骂自己的祖宗，却是很难做到的；让恩德荫庇子孙，这是容易做到的，而不使我的行为贻患子孙，却是很难做到的。

jié jǐ fāng néng bù shī jǐ ài mín suǒ zhòng zài qīn mín

洁己方能不失己，爱民所重在亲民。

【译文】

洁身自好方能不丢失善良美好的本性，爱护百姓的关键在于亲近百姓。

cháo tíng lì fǎ bù kě bù yán yǒu sī xíng fǎ bù kě bù shù

朝廷立法不可不严，有司行法不可不恕①。

【注释】

①有司：指执法机关。

【译文】

国家制定法令不可以不严格，执法机关执行法令不可以没有宽恕之心。

yán yǐ yù yì ér kuān yǐ xù mín jí yú yáng shàn ér yǒng
严以驭役而宽以恤民[1]，极于扬善而勇

yú qù jiān huǎn yú cuī kē ér qín yú fǔ zhòng
于去奸，缓于催科而勤于抚众[2]。

【注释】

①驭役：管理官吏。驭，管理。役，被使唤的人，引申为小官吏。恤民：体恤、怜悯百姓。

②催科：催收田租和赋税。

【译文】

管理官吏要严格，对待百姓要宽和，对好人好事要大力表彰，对坏人坏事要坚决去除，催收田租赋税要和缓，安抚百姓要勤勉。

cuī kē bù rǎo cuī kē zhōng fǔ zhòng xíng fá bù chā
催科不扰，催科中抚众；刑罚不差[1]，

xíng fá zhōng jiào huà
刑罚中教化。

【注释】

①差：偏差。

【译文】

催收田租赋税时不要去惊扰百姓，要在催促中安抚百姓；施用刑罚时不可出现偏差，要在刑罚中教化百姓。

xíng fá dāng kuān chù jí kuān cǎo mù yì shàng tiān shēng mìng
刑罚当宽处即宽，草木亦上天生命；

cái yòng kě shěng shí biàn shěng sī háo jiē xià mín zhī gāo
财用可省时便省，丝毫皆下民脂膏[1]。

【注释】

① 下民脂膏：指民脂民膏，比喻人民流血流汗创造出来的财富。

【译文】

刑罚应当宽松的地方就要宽松，即便低微如草木也是上天赋予的生命；钱财花费能省就省，即便一丝一毫也是老百姓的血汗。

jū jiā wéi fù nǚ men ài lián péng yǒu bì duō nù sè zuò
居家为妇女们爱怜，朋友必多怒色；做
guān wéi yá men rén huān xǐ bǎi xìng dìng yǒu yuàn shēng
官为衙门人欢喜，百姓定有怨声。

【译文】

在家中被妇女们喜爱（而疏远了朋友），朋友必定多有怨怒；做官只被衙门里的人喜欢（而忘记了百姓），百姓一定会有所埋怨。

guān bù bì zūn xiǎn qī yú wú fù jūn qīn dào bù bì
官不必尊显，期于无负君亲。道不必
bó shī yào zài yǒu bì mín wù lù qǐ xū duō fáng mǎn
博施，要在有裨民物①。禄岂须多②，防满
zé tuì nián bù dài mù yǒu jí biàn cí tiān fēi sī fù yī
则退③。年不待暮，有疾便辞。天非私富一
rén tuō yǐ zhòng pín zhě zhī mìng tiān fēi sī guì yì rén
人，托以众贫者之命④。天非私贵一人，
tuō yǐ zhòng jiàn zhě zhī shēn
托以众贱者之身。

【注释】

① 有裨：有益于。裨，益，好处。

② 禄：即俸禄。

③ 防满则退：即当全身而退时则退。防满，防止因地位和权势达到极盛转而走向衰败。

④ 托：陪衬，衬托。

【译文】

做官不必尊贵显达，只求不辜负君主。道义不必广泛施予，关键要有益于百姓。俸禄哪里需要那么多，当全身而退时则退。不用等到年老，身体有病就辞官回家。上天不会只让一个人富裕，而用大多数人的贫穷来做陪衬。上天不会只让一个人显贵，而用大多数人的卑贱来做陪衬。

zhù shì yī rì yào zuò yī rì hǎo rén wéi guān yī rì
住世一日，要做一日好人；为官一日，
yào xíng yī rì hǎo shì
要行一日好事。

【译文】

在世上待一天，就要做一天好人；当一天官，就要做一天好事。

pín jiàn rén zhì fēng mù yǔ wàn kǔ qiān xīn zì jiā xuè
贫贱人栉风沐雨①，万苦千辛，自家血
hàn zì jiā xiāo shòu tiān zhī jiàn chá yóu shù fù guì rén yī
汗自家消受②，天之鉴察犹恕③；富贵人衣
shuì shí zū dān jué shòu lù wàn mín xuè hàn yī rén xiāo shòu
税食租，担爵受禄，万民血汗一人消受，
tiān zhī dū zé gèng yán
天之督责更严。

古代农耕图

农人为了生活常常要顶风冒雨劳作，虽然过程艰辛、收入微薄却踏实心安。

【注释】

① 栉风沐雨：以风梳头，以雨洗头，形容奔波劳苦。

② 消受：享受，享用。

③ 鉴察：察看，监察。

【译文】

贫贱的人在外奔波，经历千辛万苦，自己付出的血汗自己享受，因此上天对他的监察也就相对宽容些；富贵人的衣食都来自于田租赋税，担任爵位享受俸禄，万千百姓的血汗由一人享受，因此上天对他的监督也更加严厉。

píng rì chéng yǐ zhì mín ér mín xìn zhī zé fán yǒu shì
平日诚以治民，而民信之，则凡有事
yú mín wú bù yìng yǐ píng rì chéng yǐ shì tiān ér tiān
于民，无不应矣；平日诚以事天，而天
xìn zhī zé fán yǒu dǎo yú tiān wú bù yìng yǐ
信之，则凡有祷于天，无不应矣。

【译文】

平日以诚信治理百姓，百姓就会信任他，所以只要有事发动百姓，没有不响应的；平日以诚信侍奉上天，上天就会信任他，所以只要有事向上天祈祷，没有不应验的。

píng mín kěn zhòng dé shī huì biàn shì wú wèi de qīng xiàng
平民肯种德施惠，便是无位底卿相；
shì fū tú tān quán xī chǒng jìng chéng yǒu jué de qǐ ér
士夫徒贪权希宠，竟成有爵底乞儿。

【译文】

平民如果肯积德施恩，那便是没有官位的公卿宰相；官员如果只贪图权力恩宠，那便是拥有官位的流民乞丐。

wú gōng ér shí què shǔ shì yǐ sì hài ér shí hǔ
无功而食，雀鼠是已；肆害而食，虎
láng shì yǐ
狼是已。

【译文】

对国家人民没有半点功劳却依旧吃着国家的俸禄，这种人不过是麻雀、老鼠而已；大肆危害国家、残害百姓却仍吃着国家的俸禄，这种人就是虎豹豺狼。

wú jīn qīng ér ào zhuó wú shèn dà ér hū xiǎo wú qín shǐ ér dài zhōng

毋矜清而傲浊，毋慎大而忽小，毋勤始而怠终。

【译文】

不要夸赞自己的清高而鄙视他人的粗俗，不要处理大事时谨慎而对小事粗心，不要开始做事时勤勉而最终懈怠。

qín néng bǔ zhuō jiǎn yǐ yǎng lián

勤能补拙，俭以养廉。

【译文】

勤奋可以弥补先天的笨拙，节俭可以培养廉洁的品行。

jū guān lián rén yǐ wéi bǎi xìng shòu fú yǔ yǐ wéi cì fú yú zǐ sūn zhě bù qiǎn yě céng jiàn yǒu yuē jǐ yù mín zhě hòu dài bù chāng dà yé jū guān zhuó rén yǐ wéi bǎi xìng shòu hài yǔ yǐ wéi yí hài yú zǐ sūn zhě bù qiǎn yě céng jiàn yǒu jí zhòng féi jiā zhě lì shì dé cháng jiǔ yé

居官廉，人以为百姓受福，予以为锡福于子孙者不浅也，曾见有约己裕民者，后代不昌大耶？居官浊，人以为百姓受害，予以为贻害于子孙者不浅也，曾见有瘠众肥家者[1]，历世得长久耶？

【注释】

①瘠众肥家：搜刮百姓以富裕自家。瘠，瘦弱，此处为使动用法，使百姓瘦弱，即搜刮、盘剥百姓。

【译文】

为官清廉，人们以为是百姓得到福气，我以为是给官员的子孙造福不浅，可曾看见那些严于律己而造福百姓的官员，他们的子孙后代不都昌盛兴旺吗？为官贪浊，人们以为是百姓受祸害，我以为是留下很多祸害给官员自己的子孙，可曾看见那些搜刮百姓且专富自家的官员，他们的子孙后代哪个长久了？

yǐ lín gāo ān lè lǎn sǎn xīn zuò guān wèi yǒu bù huāng
以林皋安乐懒散心做官[①]，未有不荒
dài zhě yǐ zài jiā zhì shēng yíng chǎn xīn zuò guān wèi yǒu bù
怠者；以在家治生营产心做官，未有不
tān bǐ zhě
贪鄙者。

【注释】

① 林皋：泛指山林。

【译文】

以隐居山林、只求安乐、慵懒散漫的心态做官，没有不荒废的；以在自家治理、经营自家产业的心态做官，没有不贪婪的。

niàn niàn yòng zhī jūn mín zé wéi jí shì niàn niàn
念念用之君民[①]，则为吉士[②]。念念
yòng zhī tào shù zé wéi sú lì niàn niàn yòng zhī shēn jiā
用之套数[③]，则为俗吏。念念用之身家，
zé wéi zéi chén
则为贼臣。

【注释】

① 念念：一个念头接着一个念头，引申为一心一意。

② 吉士：指贤人。

③ 套数：指成系统的技巧或手法，此处指官场形成的诸多不良风气和做官的一些固定模式。

【译文】

一心一意想着君王和百姓的是国家的贤人。一门心思想着官场套路的是恶俗的官吏。一门心思想着自己和家庭利益的则是奸臣、乱臣。

gǔ zhī cóng shì zhě yǎng rén　jīn zhī cóng shì zhě yǎng jǐ
古之从仕者养人，今之从仕者养己。gǔ zhī jū guān yě　zài xià mín shēn shàng zuò gōng fū　jīn zhī
古之居官也，在下民身上做工夫。今之
jū guān yě　zài shàng guān yǎn dǐ zuò gōng fū
居官也，在上官眼底做工夫。

【译文】

古时做官的人关心百姓，现在做官的人关心自己。古时做官的人，在百姓身上下真工夫。现在做官的人，只在上级眼前做表面工夫。

zài jiā zhě bù zhī yǒu guān　fāng néng shǒu fèn　zài guān zhě
在家者不知有官，方能守分；在官者
bù zhī yǒu jiā　fāng néng jìn fèn
不知有家，方能尽分。

【译文】

官员的家属能忘记自己的亲人是官员，才能守住本分；在外做官的人能忘记自己家庭的利益得失，才能尽到本分。

jūn zǐ dāng guān rèn zhí　bù jì nán yì　ér zhì zài jì
君子当官任职，不计难易，而志在济
rén　gù dòng zhé chéng gōng　xiǎo rén gǒu lù yíng sī　zhǐ
人，故动辄成功；小人苟禄营私①，只
rèn biàn ān　ér yì zài lì jǐ　gù dòng duō bài shì
任便安②，而意在利己，故动多败事。

【注释】

①苟禄营私：毫无功劳，只知谋求私利。苟禄，指没有功劳而接受俸禄。

②只任便安：只贪图安逸。便安，便利安逸。

【译文】

君子做官不计较事情的难易，只想着帮助百姓，所以只要去做就会成功；小人贪财谋私只做容易的事，只想着为自己谋利，所以做事常常失败。

zhí yè shì dāng rán de měi rì zuò tā bù jìn mò yào rèn zuò jiǎ quán shì shì ǒu rán de yǒu rì huán tā zhǔ zhě mò yào rèn zuò zhēn
职业是当然底，每日做他不尽，莫要认作假；权势是偶然底，有日还他主者，莫要认作真。

【译文】

公务是当然要做的，每天做也做不完，不要因为这样就弄虚作假，仍要认真去做；权势是偶然得到的，终有一天会还给他人，切不可对权势太过认真，还须看得淡些。

yī qiè rén wéi è yóu kě yán yě wéi dú shū rén bù kě wéi è dú shū rén wéi è gèng wú jiào huà zhī rén yǐ yī qiè rén fàn fǎ yóu kě yán yě wéi zuò guān rén bù kě fàn fǎ zuò guān rén fàn fǎ gèng wú jìn zhì zhī rén yě
一切人为恶，犹可言也，惟读书人不可为恶，读书人为恶，更无教化之人矣；一切人犯法，犹可言也，惟做官人不可犯法，做官人犯法，更无禁治之人也。

【译文】

所有人作恶，都尚且可以原谅，唯有读书人不可以作恶，因为读书人如果作恶，那么天下就没有实施教化的人了；所有人犯法，都尚且可以原谅，唯有做官的人不可以犯法，因为做官的人如果犯法，那么天下就没有禁治他人的人了。

shì dà fū jì rén lì wù　yí jū qí shí　bù yí jū qí
士大夫济人利物，宜居其实，不宜居其
míng　jū qí míng zé dé sǔn　shì dà fū yōu guó wèi mín　dāng
名，居其名则德损；士大夫忧国为民，当
yǒu qí xīn　bù dāng yǒu qí yǔ　yǒu qí yǔ zé huǐ lái
有其心，不当有其语，有其语则毁来。

【译文】

做官的人帮助百姓、造福社会，应当注重实效，而不应求取虚名，求取虚名反而会损害德行；做官的人忧国忧民，应当有真心实意，而不应只说空话，只说空话反而会遭到指责。

yǐ chǔ nǚ zhī zì ài zhě ài shēn　yǐ yán fù zhī jiào zǐ zhě
以处女之自爱者爱身，以严父之教子者
jiào shì　zhí fǎ rú shān　shǒu shēn rú yù　ài mín rú zǐ
教士。执法如山，守身如玉，爱民如子，
qù dù rú chóu
去蠹如仇①。

【注释】

①蠹：本指蛀蚀器物的虫子，此处代指坏人坏事。

【译文】

像处女洁身自爱一样爱惜自身的名节，像严厉的父亲教导儿子一样教导年轻人。执行法令，像高山一样毫不动摇；保持名节，像美玉一样纯洁无瑕；爱护百姓，像父母爱护子女一样关怀有加；去除邪恶，像面对仇敌一样毫不留情。

xiàn yī wú gū　yǔ cāo dāo shā rén zhě hé bié　shì yī dà
陷一无辜，与操刀杀人者何别；释一大
duì　yǔ zòng hǔ shāng rén zhě wú shū
憝①，与纵虎伤人者无殊。

【注释】

① 大憝：穷凶极恶、罪大恶极的人。

【译文】

陷害一个清清白白的人，与拿刀杀人有什么分别；释放一个穷凶极恶的人，与放虎伤人没什么不同。

zhēn máng cì shǒu　cí jí shāng zú　jǔ tǐ tòng chǔ
针芒刺手，茨棘伤足，举体痛楚，
xíng cǎn bǎi bèi yú cǐ　kě yǐ xǐ nù shī zhī hū　hǔ bào zài
刑惨百倍于此，可以喜怒施之乎？虎豹在
qián　kēng jǐng zài hòu　bǎi bān hū háo　yù àn hé yì yú
前，坑阱在后[①]，百般呼号，狱犴何异于
cǐ　kě shǐ wú gū zuò zhī hū
此[②]，可使无辜坐之乎？

【注释】

① 坑阱：指陷阱。

② 狱犴：监狱。

【译文】

针尖扎进手心，荆棘划破脚底，全身都会疼痛难忍，刑罚比这残酷百倍，又怎么可以依据个人喜怒而施行呢？虎豹挡在前面，身后遍布陷阱，心中痛苦恐惧哀声哭号，监狱中的情形与这又有什么分别，怎么可以使清白的人遭受这样的折磨呢？

guān suī zhì zūn　jué bù kě yǐ rén zhī shēng mìng zuǒ jǐ zhī
官虽至尊，决不可以人之生命佐己之
xǐ nù　guān suī zhì bēi　jué bù kě yǐ jǐ zhī míng jié zuǒ rén
喜怒；官虽至卑，决不可以己之名节佐人
zhī xǐ nù
之喜怒。

【译文】

官位再高，也决不可以为了自己的喜怒而决定一个人的生死；官位再低，也决不可以为了迎合上级的喜怒而损害自己的名节。

tīng duàn zhī guān chéng xīn bì bù kě yǒu rèn shì zhī
听断之官，成心必不可有；任事之
guān chéng suàn bì bù kě wú
官，成算必不可无。

【译文】

断案的官员，心中不可以有成见；办事的官员，心中不可以没有成熟的计划。

wú guān jǐn yào zhī piào gài bù biāo pàn zé lì xū
无关紧要之票①，概不标判②，则吏胥
wú quán bù xiāng jiāo shè zhī rén gài bù wǎng lái zé
无权③；不相交涉之人，概不往来，则
guān fáng zì mì
关防自密④。

【注释】

①票：政令、公文。

②标判：将政令、公文签发执行。

③吏胥：官府中的小官吏。

④关防：防止机密泄露的一种印信，此处代指国家机密。

【译文】

无关紧要的政令公文，一概不签发，这样小官吏就不会滥用职权了；没有公务往来的人，一概不相交往，这样国家的机密就不会被泄露了。

wú gū qiān lěi nán kān fēi jǐn yào zhǐ xū liǎng zào duì
无辜牵累难堪，非紧要，只须两造对
zhì bǎo quán duō shǎo shēn jiā yí àn zhuǎn yí shèn dà wú
质，保全多少身家；疑案转移甚大，无

què jù biàn dāng mò jiǎn cóng kuān xiū yǎng jǐ rén xìng mìng
确据，便当末减从宽，休养几人性命。

【译文】

无辜的人总会因遭受牵连而处境难堪，因此只要不是太过重要的案件，请双方对质就可以了，这样做可以使许多人的清白得以保全。案件存在许多疑点，如果没有确凿的证据，就应当对当事人从轻处理，这样做可以使许多人的性命得以保全。

dāi zǐ zhī huàn shēn yú làng zǐ yǐ qí zhōng wú zhuǎn zhì
呆子之患，深于浪子，以其终无转智；
hūn guān zhī hài shèn yú tān guān yǐ qí láng jí jí rén
昏官之害，甚于贪官，以其狼藉及人[1]。

【注释】

① 狼藉：糟蹋，祸害。

【译文】

呆傻的人给社会带来的祸患要多于轻薄浪荡的人，因为呆傻的人永远也不会变得聪明；昏庸的官员给社会带来的危害要多于贪婪的官员，因为他的昏庸无能会殃及广大的百姓。

guān kěn zhuó yì yī fēn mín shòu shí fēn zhī huì shàng
官肯着意一分，民受十分之惠；上
néng chī kǔ yī diǎn mín zhān wàn diǎn zhī ēn
能吃苦一点，民沾万点之恩。

【译文】

官员能够对百姓关心一分，百姓就会受到十分的恩惠；上面的人能够吃一点苦，百姓就会受到万点恩惠。

lǐ fán zé nán xíng zú chéng fèi gé zhī shū fǎ fán zé
礼繁则难行，卒成废阁之书；法繁则
yì fàn yì shèn jué liè zhī zuì
易犯，益甚决裂之罪。

【译文】

礼节繁琐便难于施行，终究会成为被遗弃的条文；法令繁多便容易触犯，这比犯了重罪还要可怕。

shàn qǐ dí rén xīn zhě dāng yīn qí suǒ míng ér jiàn tōng zhī wú qiáng kāi qí suǒ bì shàn yí fēng yì sú zhě dāng yīn qí suǒ yì ér jiàn fǎn zhī wú qiáng jiáo qí suǒ nán

善启迪人心者，当因其所明而渐通之，毋强开其所闭；善移风易俗者，当因其所易而渐反之，毋强矫其所难。

【译文】

善于开导百姓的人，应当从百姓明白的地方入手，逐渐地开导，而不会强迫百姓接受他们尚不明白的事物。善于改变风俗的人，应当从百姓容易接受的地方入手，逐渐地改变，而不会强迫百姓改掉那些顽固的习惯。

fēi shèn bù biàn yú mín qiě mò wàng gēng fēi dà yǒu yì yú mín zé mò qīng jǔ

非甚不便于民，且莫妄更；非大有益于民，则莫轻举。

【译文】

无论什么法令，如果没有给百姓带来极大的不便，就不要轻易改变它；无论什么法令，如果不能给百姓带来很大的好处，就不要轻易施行它。

qíng yǒu kě tōng mò jiāng jiù yǒu zhě guò cái yì yǐ shēng guǎ ēn zhī yuàn shì zài dé yǐ mò jiāng jiù wú zhě wàng zēng shè yǐ kāi duō shì zhī mén

情有可通，莫将旧有者过裁抑，以生寡恩之怨；事在得已，莫将旧无者妄增设，以开多事之门。

【译文】

于情于理都说得通，就不要过多地去除和改变原有的制度，以免因不近人情而招来百姓的怨恨；有些事情应当消除就要坚决禁止和去除，千万不要增设一些无谓的制度和机构，以免给百姓带来更多麻烦。

wéi qián rén zhě wú gān yù jiáo qíng lì yī qiè bù kě cháng zhī fǎ yǐ nán hòu rén wéi hòu rén zhě wú jīn néng lù jì wéi yī zhāo jí gǎi gé zhī zhèng yǐ kǔ qián rén

为前人者，无干誉矫情[①]，立一切不可常之法，以难后人；为后人者，无矜能露迹，为一朝即改革之政，以苦前人。

【注释】

① 干誉：求取名誉。

【译文】

作为前人，不应该有求取名誉的矫揉造作之态，立下难以施行的法规，给后人大出难题；作为后人，不应该有夸耀才能的自大心态，推行难以长久的法规，让前人白费辛苦。

shì zài dāng yīn bù wéi hòu rén kāi wú gù zhī duān shì zài dāng gé wú shǐ hòu rén zhǎng bù jiù zhī huò

事在当因，不为后人开无故之端；事在当革，无使后人长不救之祸。

【译文】

应当沿袭的制度就一定要沿袭，不要成为后人随意更改制度的开端；应当改革的制度就一定要改革，不要使后人因制度问题而遭受无可挽救的祸害。

lì zài yī shēn wù móu yě lì zài tiān xià zhě móu zhī lì zài yī shí wù móu yě lì zài wàn shì zhě móu zhī

利在一身勿谋也，利在天下者谋之；利在一时勿谋也，利在万世者谋之。

【译文】

不要谋划只对自己一个人有利的事情，要谋划对天下人都有利的事；不要谋划只对社会一时有利的事情，要谋划对千秋万世都有利的事。

mò wéi yīng ér zhī tài ér yǒu dà rén zhī qì mò wéi yī shēn zhī móu ér yǒu tiān xià zhī zhì mò wéi zhōng shēn zhī jì ér yǒu hòu shì zhī lǜ

莫为婴儿之态，而有大人之器。莫为一身之谋，而有天下之志。莫为终身之计，而有后世之虑。

【译文】

不要做出小孩子的举动，要有成年人的气度。不要只为自己一个人谋划，要有为天下百姓谋划的志向。不要只为自己一辈子谋划，要为自己的子孙后代多做考虑。

yòng sān dài yǐ qián jiàn shí ér bù shī zhī yū jiù sān dài yǐ hòu jiā shù ér bù lín yú sú

用三代以前见识，而不失之迂；就三代以后家数，而不邻于俗。

【译文】

用夏商周三代以前的理念来治理百姓，也不会过于迂腐和拘泥；用夏商周三代以后的策略来治理百姓，也不会落入为政的俗套。

dà zhì xīng bāng bù guò jí zhòng sī dà yú wù guó zhǐ wèi hào zì yòng

大智兴邦，不过集众思；大愚误国，只为好自用。

【译文】

有大智慧的人能够振兴国家，其实所谓大智慧不过是能集合众人的思想而已；极其愚蠢的人会给国家带来灾难，其实所谓极其愚蠢不过是刚愎自用、自以为是罢了。

wú jué yì gāo　wú zhì yì xià　wú guān yì dà　wú xīn
吾爵益高，吾志益下。吾官益大，吾心
yì xiǎo　wú lù yì hòu　wú shī yì bó
益小。吾禄益厚，吾施益博。

【译文】

我的地位越高，我便越谦卑。我做的官越大，我便越谨慎。我的俸禄越多，我便施舍给越多的人。

ān mín zhě hé　wú qiú yú mín　zé mín ān yǐ　chá lì
安民者何？无求于民，则民安矣；察吏
zhě hé　wú qiú yú lì　zé lì chá yǐ
者何？无求于吏，则吏察矣。

【译文】

如何使百姓安乐呢？只要不向百姓索取什么，百姓就自然安乐了。如何监察官吏呢？只要不向官吏求取什么，官吏就自然清廉自律了。

bù kě jiǎ gōng fǎ yǐ bào sī chóu　bù kě jiǎ gōng fǎ
不可假公法以报私仇，不可假公法
yǐ bào sī dé　tiān dé zhǐ shì gè wú wǒ　wáng dào zhǐ shì
以报私德。天德只是个无我，王道只是
gè ài rén
个爱人①。

【注释】

①王道：古时指以仁义统治天下的理念。

【译文】

不可以借国家法律解决个人仇恨，不可以借国家法律回报个人恩德。最高的德行只在于没有私心，以仁义统治天下只在于关爱百姓。

wéi yǒu zhǔ　zé tiān dì wàn wù zì wǒ ér lì　bì wú
惟有主，则天地万物自我而立；必无
sī　sī shàng xià sì páng xián dé qí píng
私，斯上下四旁咸得其平①。

【注释】

①咸：皆，都。

【译文】

做人有主见，则天地万物皆为我所用；做人无私心，则周围左右都会相安无事。

zhì dào zhī yào zài zhī rén jūn dé zhī yào zài tǐ rén yù chén zhī yào zài tuī chéng yòng rén zhī yào zài zé yán lǐ cái zhī yào zài jīng zhì zú yòng zhī yào zài bó liǎn chú kòu zhī yào zài ān mín

治道之要，在知人①。君德之要，在体仁②。御臣之要，在推诚。用人之要，在择言③。理财之要，在经制④。足用之要，在薄敛。除寇之要，在安民。

【注释】

①知人：能鉴察人的品行、才能，即识别人才。

②体仁：躬行仁道，即施行仁义。

③择言：选择适当的话，即听取正确的建议。

④经制：指国家制度。

【译文】

治理国家的关键在于识别人才。君王德行的关键在于施行仁义。驾驭臣下的关键在于以诚相待。任用人才的关键在于听取正确的建议。理财的关键在于完善国家制度。国家财用充足的关键在于少收租税。去除贼寇的关键在于安定百姓。

wèi yòng bīng shí quán yào xū xīn yòng rén jì yòng bīng shí quán yào shí xīn huó rén

未用兵时，全要虚心用人；既用兵时，全要实心活人。

【译文】

没到用兵打仗的时候，要谦虚谨慎、任用贤人；到了用兵打仗的时候，要珍惜生命、不滥杀人。

tiān xià bù kě yī rì wú jūn gù yí qí fēi tāng wǔ
天下不可一日无君，故夷齐非汤武[①]，
míng chén dào yě bù rán zé luàn chén jiē zhǒng ér nán wéi jūn
明臣道也，不然，则乱臣接踵而难为君；
tiān xià bù kě yī rì wú mín gù kǒng mèng shì tāng wǔ míng jūn
天下不可一日无民，故孔孟是汤武，明君
dào yě bù rán zé bào jūn jiē zhǒng ér nán wéi mín
道也，不然，则暴君接踵而难为民。

徐悲鸿绘《奚我后》

此画取材于《尚书·仲虺之诰》："奚我后，后来其苏。"夏桀暴虐，在他的统治下，人民痛苦不堪，商汤带兵讨伐暴君，老百姓殷切地期待他们来解救。画面中大地干裂了，瘦弱的耕牛啃着树根，人们的眼睛里燃烧着焦灼的期待。

【注释】

① 夷齐：指伯夷和叔齐，商朝末年的贤人，认为周武王既然是商的臣

子，伐商便是不对的。 汤武：指商汤和周武王，皆为圣明君主。商汤，因夏朝无道而灭夏朝，成为商朝的开国君主；周武王，因商朝无道而灭商朝，成为周朝的开国君主。

【译文】

国家不可以一天没有君主，所以伯夷、叔齐批评周武王，这是明白做臣子的本分，如果不这样的话，乱臣贼子便会一个接着一个地出现，君主的地位就难以稳固了；国家不可以一天没有百姓，所以孔子、孟子称赞商汤、周武王，这是明白做君王的职责，如果不这样的话，暴虐的君主便会一个接着一个地出现，老百姓的日子就不好过了。

miào táng zhī shàng yǐ yǎng zhèng qì wéi xiān hǎi yǔ zhī nèi yǐ yǎng yuán qì wéi běn

庙堂之上，以养正气为先；海宇之内，以养元气为本①。

【注释】

①元气：代指百姓民力。

【译文】

在朝做官要以培养正气为首要，对天下百姓要以养护民力为根本。

rén shēn zhī suǒ zhòng zhě yuán qì guó jiā zhī suǒ zhòng zhě rén cái

人身之所重者元气，国家之所重者人才。

【译文】

对人而言，最重要的是精神；对国家而言，最重要的是人才。

惠言类

【题解】

本章所讲的内容并没有一个明确的主题，主要是赠人佳言，在生活的方方面面给人以指导和告诫。内容涉及修身持家、读书治学、为人处世等，在某种意义上是对前面几章的一个总结。因此，本章仍是告诫人们在自身修养方面要品行方正，注重道德修养；在处理家庭事务方面要勤俭持家，谦虚忍让；在为人处世方面要坚持操守，待人平和，办事谨慎，圆融通达。并且，要坦然面对世事的变迁、命运的好坏，知足常乐。虽然这一章也谈及了忠君爱国、为官爱民等思想，但更侧重于指导人们对自己内心和性情的修养。

shèng rén liǎn fú jūn zǐ kǎo xiáng zuò dé rì xiū
圣人敛福[①]，君子考祥[②]；作德日休[③]，
wéi shàn zuì lè
为善最乐。

【注释】

① 敛：聚集。

② 考祥：长寿吉祥。考，长寿。祥，吉祥。

③ 日休：每天都有福禄。日，每天。休，吉庆，福禄，福气。

【译文】

圣人聚集福气，君子长寿吉祥；积德天天有福，行善最为快乐。

kāi juàn yǒu yì zuò shàn jiàng xiáng
开卷有益，作善降祥。

【译文】

读书有益处，行善得吉祥。

chóng dé xiào shān cáng qì xué hǎi qún jū shǒu kǒu
崇德效山，藏器学海。群居守口，
dú zuò fáng xīn
独坐防心。

【译文】

培养德行、提高品质要向高山学习，增长才干、谦虚内敛要向大海学习。很多人在一起时说话要谨慎小心，自己一个人时要防止产生杂念。

zhī zú cháng lè，néng rěn zì ān。
知足常乐，能忍自安。

【译文】

知足的人常常快乐，能忍的人自然平安。

qióng dá yǒu mìng，jí xiōng yóu rén。
穷达有命，吉凶由人。

【译文】

穷困、显达自有命运安排，吉祥、凶险全靠自己把握。

yǐ jìng zì zhào jiàn xíng róng，yǐ xīn zì zhào jiàn jí xiōng。
以镜自照见形容，以心自照见吉凶。

【译文】

用镜子观照自己，看见的是自己的面容；用内心反省自己，看见的是自己未来的祸福吉凶。

shàn wéi zhì bǎo，yī shēng yòng zhī bù jìn；xīn zuò liáng tián，bǎi shì gēng zhī yǒu yú。shì shì ràng sān fēn，tiān kōng dì kuò；xīn tián péi yī diǎn，zǐ zhòng sūn shōu。
善为至宝，一生用之不尽；心作良田，百世耕之有余。世事让三分，天空地阔；心田培一点，子种孙收。

【译文】

善良是最宝贵的东西，一生都享用不完；把内心当作良田，子孙世代都耕种不完。遇事让别人三分，自然和谐融洽、天地宽广；每一代人都在内心深处多培养一点善良，后代会因此而收获福气。

yào hào ér sūn　xū fāng cùn zhōng fàng kuān yī bù　yù
要好儿孙，须方寸中放宽一步；欲
chéng jiā yè　yí fán shì shàng chī kūi sān fēn
成家业，宜凡事上吃亏三分。

2007年中国邮政发行的孔融让梨邮票。

【译文】

要想为儿孙造福，就要内心宽容大度；要想使家族兴旺，就要事事谦让不争。

liú fú yǔ ér sūn　wèi bì jìn huáng jīn bái qiǎng　zhòng
留福与儿孙，未必尽黄金白镪①；种
xīn wéi chǎn yè　yóu lái jiē měi zhái liáng tián
心为产业，由来皆美宅良田。

【注释】

①黄金白镪：即黄金白银。

【译文】

给儿孙留下福分，未必全要是黄金白银；将修养身心作为事业，终究会有美宅良田。

cún yī diǎn tiān lǐ xīn　bù bì zé xiào yú hòu　zǐ sūn lài zhī
存一点天理心，不必责效于后，子孙赖之；
shuō jǐ jù yīn zhì huà　zòng wèi jìn shī yú rén　guǐ shén jiàn zhī
说几句阴骘话，纵未尽施于人，鬼神鉴之。

【译文】

心存一点天理良心，不必苛求立刻收到成效，子孙自然会从中受益的；对人说几句积德的话，即便没有给人以实际帮助，世间的神明也会知道的。

fēi dú shū bù néng rù shèng xián zhī yù fēi jī dé bù néng shēng cōng huì zhī ér
非读书，不能入圣贤之域；非积德，不能生聪慧之儿。

【译文】

不读书，就不能达到圣贤的境界；不积德行善，就不能生养聪慧的儿女。

duō jī yīn dé zhū fú zì zhì shì qǔ jué yú tiān
多积阴德，诸福自至，是取决于天。
jìn lì nóng shì jiā bèi shōu chéng shì qǔ jué yú dì
尽力农事，加倍收成，是取决于地。
shàn jiào zǐ sūn hòu sì chāng dà shì qǔ jué yú rén shì shì péi yuán qì qí rén bì shòu niàn niàn cún běn xīn qí hòu bì chāng
善教子孙，后嗣昌大，是取决于人。事事培元气，其人必寿；念念存本心，其后必昌。

【译文】

多积德行善，各种福气自然会到来，这是由上天决定的。努力种田，加倍收获粮食，这是由大地决定的。好好教育子孙，使后代兴旺发达，这是由人决定的。处理每件事情都注意养护精神，这样的人一定长寿；考虑每件事情都心存善念，这样的人子孙一定昌盛。

wù wèi yī niàn kě qī yě xū zhī yǒu tiān dì guǐ shén zhī jiàn chá wù wèi yī yán kě qīng yě xū zhī yǒu qián hòu zuǒ yòu
勿谓一念可欺也，须知有天地鬼神之鉴察。勿谓一言可轻也，须知有前后左右

zhī qiè tīng wù wèi yī shì kě hū yě xū zhī yǒu shēn jiā xìng
之窃听。勿谓一事可忽也，须知有身家性
mìng zhī guān xì wù wèi yī shí kě chěng yě xū zhī yǒu zǐ
命之关系。勿谓一时可逞也，须知有子
sūn huò fú zhī bào yìng
孙祸福之报应。

【译文】

不要有一点欺骗的心思，要知道世间有天地神明在监察。不要觉得可以随便说一句话，要知道周围会有他人偷听。不要觉得可以粗心对待一件小事，要知道任何事情也许都关系到自己的身家性命。不要贪图一时的快乐，要知道自己的所作所为与子孙的祸福息息相关。

rén xīn yī niàn zhī xié ér guǐ zài qí zhōng yān yīn ér qī
人心一念之邪，而鬼在其中焉，因而欺
wǔ zhī bō nòng zhī zhòu jiàn yú xíng xiàng yè jiàn yú mèng
侮之，播弄之，昼见于形象，夜见于梦
hún bì niàng qí huò ér hòu yǐ gù xié xīn jí shì guǐ guǐ yǔ
魂，必酿其祸而后已。故邪心即是鬼，鬼与
guǐ xiāng yìng yòu hé guài hū rén xīn yī niàn zhī zhèng ér shén
鬼相应，又何怪乎！人心一念之正，而神
zài qí zhōng yān yīn ér jiàn chá zhī hē hù zhī shàng zhì yú
在其中焉，因而鉴察之，呵护之，上至于
fù mǔ xià zhì yú ér sūn bì zhì qí fú ér hòu yǐ gù zhèng
父母，下至于儿孙，必致其福而后已。故正
xīn jí shì shén shén yǔ shén xiāng qīn yòu hé yí hū
心即是神，神与神相亲，又何疑乎！

【译文】

人的心中只要产生一点邪恶的念头，那么魔鬼便在你心中了，进而欺负、捉弄你，白天表现在你的精神状态上，晚上出现在你的梦境里，注定要酿成灾祸才会停止。所以，邪恶的念头就是魔鬼，并且魔鬼和魔鬼之间是相互呼应的，这又有什么奇怪的呢？人的心中只要产生一点正直的念头，那么神明便在你心中了，进而监督、保护你，上至父母双亲，下到儿女子孙，必定都得到福禄才算完满。所以，正直的念头就是神明，并且神明与神明之间是相亲近的，这又有什么值得怀疑的呢？

zhōng rì shuō shàn yán bù rú zuò le yī jiàn zhōng shēn
终日说善言，不如做了一件；终身
xíng shàn shì xū fáng cuò le yī jiàn wù lì jiān nán yào zhī
行善事，须防错了一件。物力艰难，要知
chī fàn chuān yī tán hé róng yì guāng yīn xùn sù jí shǐ
吃饭穿衣，谈何容易；光阴迅速，即使
dú shū xíng shàn néng yǒu jǐ duō
读书行善，能有几多。

【译文】

整天说好话不如做一件好事；一辈子做善事，要防止做一件错事。劳动艰难，要知道吃饭穿衣，哪会那么容易？时光飞逝，即便用来读书、行善，又能做多少？

zhī zì bì xī guì zhī gēn yě lì mǐ bì zhēn fù
只字必惜①，贵之根也；粒米必珍，富
zhī yuán yě piàn yán bì jǐn fú zhī jī yě wēi mìng bì
之源也。片言必谨，福之基也；微命必
hù shòu zhī běn yě
护，寿之本也。

【注释】

①只字：一个字，此处代指知识和文化。

【译文】

珍惜知识，是显贵的根本；爱惜粮食，是富裕的根源。再简短的话也要小心谨慎地说，这是福禄的基础；再卑微的生命也要尽力去保护，这是长寿的根本。

zuò jiàn wǔ gǔ fēi yǒu qí huò bì yǒu qí qióng ài
作践五谷[1]，非有奇祸，必有奇穷；爱
xī zhī zì bù dàn xiǎn róng yì dāng yán shòu
惜只字，不但显荣，亦当延寿。

【注释】

①作践五谷：浪费粮食。作践，糟蹋，浪费。五谷，说法不一，或指稻、麦、黍、稷、菽五种作物，后多泛指粮食。

【译文】

浪费粮食，即便不会遭受突然发生的灾祸，也注定会非常贫穷；爱惜知识，不仅会使人显达荣耀，而且还会使人长寿。

rú sù fēi shèng rén jiào yě hào shēng zé shàng
茹素[1]，非圣人教也；好生，则上
tiān yì yě
天意也。

【注释】

①茹素：吃素食。

【译文】

吃素并不是圣人的教导；但珍惜生命，却是上天的意愿。

rén hòu kè bó shì xiū duǎn guān qiān yì yíng mǎn
仁厚刻薄，是修短关[1]。谦抑盈满，
shì huò fú guān qín jiǎn shē chǐ shì pín fù guān bǎo yǎng
是祸福关。勤俭奢侈，是贫富关。保养
zòng yù shì rén guǐ guān
纵欲，是人鬼关。

【注释】

①修：长。

【译文】

仁厚或者刻薄，这是寿命有长有短的关键所在。谦虚或者自满，这是命运有福有祸的关键所在。勤俭或者奢侈，这是生活有富有贫的关键所在。保养或者纵欲，这是性命最终有生有死的关键所在。

zào wù suǒ jì yuē kè yuē qiǎo wàn lèi xiāng gǎn yǐ
造物所忌，曰刻曰巧[①]。万类相感，以
chéng yǐ zhōng zuò rén wú chéng xīn biàn dài fú qì zuò shì
诚以忠。做人无成心，便带福气。做事
yǒu jié guǒ yì shì shòu zhēng
有结果，亦是寿征[②]。

【注释】

① 曰刻曰巧：造作和取巧。刻，矫揉造作。巧，投机取巧。

② 寿征：长寿的征兆。征，征兆，迹象。

【译文】

上天造物所忌讳的就是造作和取巧。世间万物互相感应联系靠的是诚实和忠心。做人没有成见，便会带来福气。做事有始有终，便是长寿的征兆。

zhí niù zhě fú qīng ér yuán tōng zhī rén qí fú bì hòu
执拗者福轻，而圆通之人，其福必厚；
jí zào zhě shòu yāo ér kuān hóng zhī shì qí shòu bì cháng
急躁者寿夭，而宽宏之士，其寿必长。

【译文】

固执的人福气少，而圆融通达的人福气多；急躁的人寿命短，而宽宏大量的人寿命长。

qiān guà liù yáo jiē jí shù zì zhōng shēn kě xíng
谦卦六爻皆吉[①]，恕字终身可行。

谦卦图

【注释】

① 谦卦：《周易》六十四卦中的一卦，该卦的主旨是告诫人们要时时刻刻保持谦虚谨慎的态度，只有这样才能平安吉祥。 爻：组成八卦的长短横道。

【译文】

谦卦的六爻都寓示着吉祥，“恕”字的含义终身都可以奉行。

zuò běn sè rén　shuō gēn xīn huà　gàn jìn qíng shì
作本色人，说根心话，干近情事。

【译文】

做真真正正的自己，说真心实意的话，做合乎情理的事。

yī diǎn cí ài　bù dàn shì jī dé zhǒng zǐ　yì shì jī fú gēn miáo　shì kàn nǎ yǒu bù cí ài de shèng xián　yī niàn róng rěn　bù dàn shì wú liàng dé qì　yì shì wú liàng fú tián　shì kàn nǎ yǒu bù róng rěn de jūn zǐ
一点慈爱，不但是积德种子，亦是积福根苗，试看哪有不慈爱底圣贤；一念容忍，不但是无量德器，亦是无量福田，试看哪有不容忍底君子。

【译文】

一点慈爱之心，不仅是积累德行的种子，还是为后人积累福分的幼苗，试看哪有不慈爱的圣贤；一个容忍念头，不仅是德行气度的广大，还是培养福分的广大，试看哪有不善于容忍的君子。

hǎo è zhī niàn　méng yú yè qì　xī zhī yú jìng yě　cè yǐn zhī xīn　fā yú zhà jiàn　gǎn zhī yú dòng yě
好恶之念①，萌于夜气②，息之于静也③；恻隐之心④，发于乍见⑤，感之于动也。

【注释】

① 好恶之念：这里指好的念头，善良的念头。

② 夜气：儒家孟子提出的概念，指夜深人静不受外界打扰时，内心自然产生的良知和善念。

③ 息：滋生，生长。

④ 恻隐：指怜悯。

⑤乍：忽然，突然。

【译文】

善良的念头，萌生于夜深人静的时候，在平静的内心中生长；怜悯的念头，产生于突然看到的那一瞬间，是因看到他人的遭遇而有所感动。

sù xiàng qī shén hé guī fèng qīn zào yuàn jū sēng
塑像栖神，盍归奉亲①；造院居僧，
hé wǎng jiù pín
盍往救贫。

【注释】

①盍：不如。

【译文】

塑造神像、供奉神明，还不如回家奉养父母；建造寺院、供养僧人，还不如去救助贫穷的百姓。

fèi qiān jīn ér jié nà háo shì shú ruò qīng bàn piáo zhī sù
费千金而结纳豪势，孰若倾半瓢之粟
yǐ jì jī è gòu qiān yíng ér zhāo lái bīn kè hé rú qì shù
以济饥饿；构千楹而招来宾客，何如葺数
chuán zhī máo yǐ bì gū hán mǐn jì rén qióng suī fēn wén
椽之茅以庇孤寒①。悯济人穷，虽分文
shēng hé yì shì fú tián lè yǔ rén shàn jí zhī zì piàn
升合②，亦是福田；乐与人善，即只字片
yán jiē wéi liáng yào
言，皆为良药。

【注释】

①庇：庇护，照顾。

②分文：即分、文，都是古代较小的货币单位，形容钱数少。 升合：即升、合，都是古代计算粮食的较小的容积单位，形容粮食少。

【译文】

花费大把的金钱来结交有钱有势的权贵，哪里能比得上拿出半瓢小米去救助饥饿的人；大量修建房屋公馆招揽地位尊贵的宾客，怎么能比得上搭几间简易的茅草屋庇护孤独贫寒的人。怜悯救济他人的贫困，哪怕只有很少的金钱或粮食，也是给人造福；愿意善待他人，即便只是简单的几句话，也是化解矛盾、温暖人心的良药。

móu zhàn tián yuán　jué shēng bài zǐ　zūn chóng shī fù

谋占田园，决生败子；尊崇师傅，

dìng chǎn xián láng

定产贤郎。

【译文】

一心谋划着广置田宅，一定会产生败家子弟；尊敬老师注重教育，一定会教养出贤德儿孙。

píng jū guǎ yù yǎng shēn　lín dà jié zé dá shēng wěi mìng

平居寡欲养身，临大节则达生委命①；

zhì jiā liàng rù wéi chū　gàn hǎo shì zé zhàng yì qīng cái

治家量入为出②，干好事则仗义轻财③。

【注释】

①达生委命：淡然面对一切，顺应命运安排。达生，看透人生，心态淡然。委命，顺应命运安排。

②量入为出：根据家庭收入的水平来决定支出的多少，即支出不超过收入，引申为勤俭节约。

③仗义轻财：注重道义，轻视钱财。

【译文】

平时清心寡欲、养护身体，面临重大事件时则淡然应对，顺应命运安排；治理家务勤俭节约，做好事时则讲究道义、轻视钱财。

shàn yòng lì zhě jiù lì　shàn yòng shì zhě jiù shì　shàn yòng zhì zhě jiù zhì　shàn yòng cái zhě jiù cái

善用力者就力，善用势者就势，善用智者就智，善用财者就财。

【译文】

善用力量的人会借助力量，善用时势的人会利用时势，善用智慧的人会发挥才智，善用钱财的人会依靠钱财。

shēn shì duō xiǎn tú　jí xū xún qiú ān zhái　guāng yīn tóng guò kè　qiè mò gǔ mò zhǔ wēng

身世多险途，急需寻求安宅；光阴同过客，切莫汩没主翁[①]。

【注释】

① 汩没主翁：埋没自己。汩没，埋没。主翁，自己。

【译文】

人生有很多艰难险阻，急需找个平安之处；时光就如同过客，切莫埋没了自己。

mò wàng zǔ fù jī yīn gōng　xū zhī wén zì wú quán　quán píng yīn zhì　zuì pà shēng píng huài xīn shù　bì jìng zhǔ sī yǒu yǎn　rú jiàn xīn tián

莫忘祖父积阴功，须知文字无权[①]，全凭阴骘；最怕生平坏心术，毕竟主司有眼[②]，如见心田。

【注释】

① 文字无权：文章是不起多大作用的。文字，代指文章。无权，没有权力，即不起作用。

② 主司：指科举考试的主考官。　有眼：有眼力，即分辨是非好坏的能力。

【译文】

不要忘记先辈们积累下的阴德，要知道在科举考试中文章并不起多大作用，一切全靠积累的阴德；人最怕坏了心思，毕竟在科举考试时主考官能辨别人的好坏，就好像能看透人的内心。

tiān xià dì yī zhǒng kě jìng rén zhōng chén xiào zǐ tiān xià dì yī zhǒng kě lián rén guǎ fù gū ér xiào zǐ bǎi shì zhī zōng rén rén tiān xià zhī mìng

天下第一种可敬人，忠臣孝子；天下第一种可怜人，寡妇孤儿。孝子百世之宗①；仁人天下之命②。

【注释】

① 宗：宗师，为众人所学习的榜样。

② 仁人：有德之人。

【译文】

天下最值得敬重的人就是忠臣孝子，天下最可怜的人就是孤儿寡妇。孝子是供百世之人学习的榜样，有德之人是社会的根本。

xíng zhī zhèng bù qiú yǐng zhī zhí ér yǐng zì zhí shēng zhī píng bù qiú xiǎng zhī hé ér xiǎng zì hé dé zhī chóng bù qiú míng zhī yuǎn ér míng zì yuǎn

形之正，不求影之直而影自直。声之平，不求响之和而响自和。德之崇，不求名之远而名自远。

【译文】

只要形体端正，即便不去追求影子的正直，影子终究还是正直的。只要声音平和，即便不去追求回响的和谐圆润，回响终究还是和谐圆润的。只要德行高尚，即便不去追求声名远播，声名终究是会传遍天下的。

yǒu yīn dé zhě, bì yǒu yáng bào; yǒu yǐn xíng zhě, bì yǒu zhāo míng

有阴德者，必有阳报；有隐行者，必有昭名。

【译文】

祖先积累了阴德，后代必定获得回报；暗中做好事的人，必定得到显著的声名。

shī bì yǒu bào zhě, tiān dì zhī dìng lǐ, rén rén shù zhī yǐ quàn rén; shī bù wàng bào zhě, shèng xián zhī shèng xīn, jūn zǐ cún zhī yǐ jì shì

施必有报者，天地之定理，仁人述之以劝人；施不望报者，圣贤之盛心，君子存之以济世[①]。

【注释】

① 济世：救助世人。

【译文】

向他人施以恩惠必定会获得回报，这是天地间不变的道理，有德之人讲述这个道理来劝导世人；向他人施以恩惠而不期望得到回报，这是圣贤般的品行和宽阔胸怀，君子心存这种胸怀来救助世人。

miàn qián de dào lù yào fàng de kuān, shǐ rén wú bù píng zhī tàn; shēn hòu de huì zé yào liú de yuǎn, lìng rén yǒu bù kuì zhī sī

面前的道路要放得宽，使人无不平之叹；身后的惠泽要流得远，令人有不匮之思[①]。

【注释】

① 不匮之思：不尽的思念。匮，尽。

【译文】

处理面前的情况眼界要放宽些，使他人不要对你有命运不公平的叹息；留给后人的恩惠要绵延持续得长久些，使后人对你有不尽的思念。

bù kě bù cún shí shí kě sǐ zhī xīn bù kě bù xíng bù bù qiú shēng zhī shì zuò è shì xū fáng guǐ shén zhī gàn hǎo shì mò pà páng rén xiào

不可不存时时可死之心，不可不行步步求生之事。作恶事，须防鬼神知；干好事，莫怕旁人笑。

【译文】

不能不存有随时会死的想法，不能不做到力求生存的事情。做坏事，要提防鬼神知道；做好事，不要怕旁人笑话。

wú běn bó fú rén yí xíng xī fú shì wú běn bó dé rén yí xíng jī dé shì bó fú zhě bì kè bó kè bó zé fú yù bó yǐ hòu fú zhě bì kuān hòu kuān hòu zé fú yì hòu yǐ

吾本薄福人，宜行惜福事。吾本薄德人，宜行积德事。薄福者必刻薄，刻薄则福愈薄矣。厚福者必宽厚，宽厚则福益厚矣。

【译文】

我本是福分少的人，应当做珍惜福分的事。我本是德行少的人，应当做积累德行的事。福分少的人必定刻薄，而越是刻薄则福分越少。福分多的人必定宽厚，而越是宽厚则福分越多。

yǒu gōng fū dú shū wèi zhī fú yǒu lì liàng jì rén wèi zhī fú yǒu zhù shù xíng shì wèi zhī fú yǒu cōng míng hún hòu zhī jiàn wèi zhī fú wú shì fēi dào ěr wèi zhī fú wú jí bìng chán shēn wèi zhī fú wú chén sú yīng xīn wèi zhī fú wú bīng xiōng huāng qiàn zhī suì wèi zhī fú

有工夫读书，谓之福。有力量济人，谓之福。有著述行世，谓之福。有聪明浑厚之见①，谓之福。无是非到耳，谓之福。无疾病缠身，谓之福。无尘俗撄心②，谓之福。无兵凶荒歉之岁，谓之福。

【注释】

①浑厚：质朴，敦厚。

②撄心：扰乱心神。

【译文】

有时间读书，这就叫作有福气。有能力救助他人，这就叫作有福气。有著作流传于世，这就叫作有福气。有聪明质朴的见解，这就叫作有福气。听不到是是非非，这就叫作有福气。身体没有疾病困扰，这就叫作有福气。没有世俗琐事打扰，这就叫作有福气。没有赶上战乱和灾年，这就叫作有福气。

cóng rè nào chǎng zhōng chū jǐ jù qīng lěng yán yǔ biàn sǎo chú wú xiàn shā jī xiàng hán wēi lù shàng yòng yī diǎn chì rè xīn cháng zì péi zhí xǔ duō shēng yì

从热闹场中，出几句清冷言语[①]，便扫除无限杀机。向寒微路上[②]，用一点赤热心肠，自培植许多生意。

【注释】

①清冷言语：冷静、理智的话。

②寒微：出身贫贱的人。

【译文】

在混乱复杂的场合中，说几句冷静、理智的话，便能化解许多麻烦。在对待贫贱的人时，用一点热心肠，就能培养出许多情义。

rù yáo shù qióng lín zhōng jiē bǎo yǒu qiān dé rén xīn zhě wéi xiáng

入瑶树琼林中皆宝[①]，有谦德仁心者为祥。

【注释】

①瑶树琼林：比喻到处是宝贝的地方。琼与瑶，皆为美玉。

【译文】

进入美玉成林的地方遍地都是宝贝，有谦虚美德和仁爱之心的人永远都会平安吉祥。

tán jīng jì wài nìng tán yì shù kě yǐ jǐ yòng
谈经济外①，宁谈艺术②，可以给用③。
tán rì yòng wài nìng tán shān shuǐ kě yǐ xī jī tán xīn xìng
谈日用外，宁谈山水，可以息机。谈心性
wài nìng tán yīn guǒ kě yǐ quàn shàn
外，宁谈因果，可以劝善。

【注释】

① 经济：经世济民，此处泛指治国安民的政策。

② 艺术：泛指古代的各种实用技术技能。“艺”即“六艺”，指儒家培养人才的六项科目——礼、乐、射、御、书、数，即懂礼仪、通乐律、会射箭、能驾车、善书法、明算数。“术”即“术数”，指医、方、卜、筮，即医药、方术和占卜等一系列古代相对实用的技术技能。

③ 给用：供给备用。

【译文】

除了谈论国家大政外，宁愿谈论各种实用的技能，因为这些可以应对生活之用。除了谈论日常生活外，宁愿谈论山水自然，因为这些可以消除心机诡诈。除了谈论良心本性外，宁愿谈论因果报应，因为这些可以劝人向善。

yì huā kě yǐ yāo dié lěi shí kě yǐ yāo yún zāi sōng kě
艺花可以邀蝶，垒石可以邀云，栽松可
yǐ yāo fēng zhí liǔ kě yǐ yāo chán zhù shuǐ kě yǐ yāo píng
以邀风，植柳可以邀蝉，贮水可以邀萍，
zhù tái kě yǐ yāo yuè zhòng jiāo kě yǐ yāo yǔ cáng shū kě yǐ
筑台可以邀月，种蕉可以邀雨，藏书可以
yāo yǒu jī dé kě yǐ yāo tiān
邀友，积德可以邀天。

【译文】

种植花草可以招来蝴蝶，堆砌假山可以引来云雾，栽种松柏可以招来清风，种植柳树可以引来鸣蝉，修池蓄水可以招来浮萍，建筑高台可以观赏明月，种植芭蕉可以招来细雨，广藏书籍可以引来朋友，积德行善可以得到上天的关照。

zuò dé rì xiū shì wèi fú dì jū yì sì mìng
作德日休，是谓福地①；居易俟命，
shì wèi dòng tiān
是谓洞天。

【注释】

①福地：与下句中的洞天合称“福地洞天”，指神仙居住的处所，此处泛指生活幸福的地方。

【译文】

修养德行每天都能收获福禄，这就叫作进入了幸福的天地；生活居处顺应天命，这就叫作达到了神仙的境界。

xīn dì shàng wú bō tāo suí zài jiē fēng tián làng jìng
心地上无波涛，随在皆风恬浪静①；
xìng tiān zhōng yǒu huà yù chù chù jiàn yú yuè yuān fēi
性天中有化育，触处见鱼跃鸢飞②。

【注释】

①随在：到处，处处。

②鱼跃鸢飞：鱼儿在湖水中跳跃，鸢鸟在天空中翱翔。比喻世间万物顺性而动，自得其乐。

【译文】

人如果能够内心平静，那么无论在哪里都觉得风平浪静；人的天性如果得到教化培育，那么无论遇到什么事情都能自得其乐。

pín jiàn yōu qī shì wǒ fèn nèi shì dāng dòng xīn rěn
贫贱忧戚①，是我分内事，当动心忍

xìng jìng yǐ sì zhī gēng xíng yī qiè shàn yǐ wò
性②，静以俟之③，更行一切善，以斡
zhuǎn zhī fù guì fú zé shì wǒ fèn wài shì dāng bǎo
转之④；富贵福泽，是我分外事，当保
tài chí yíng shèn yǐ shǒu zhī gèng zào yī qiè fú yǐ
泰持盈⑤，慎以守之，更造一切福，以
níng chéng zhī
凝承之⑥。

【注释】

①戚：忧愁，悲伤。

②动心忍性：触动内心，坚韧性格。

③俟：等待。

④斡转：扭转，改变。

⑤保泰持盈：指保持安定兴盛的局面。

⑥凝承：长久地传承。

【译文】

贫穷、卑贱、忧虑、悲伤，这些都是我的分内事，应当使内心受到触动、使性格得以坚韧，并静静地等待时机的到来，而后更要做一切能够做到的善事，以此来改变处境。富有、高贵、福气、恩泽，这些都是我的分外事，应当努力保持这种安定兴盛的局面，并谨慎小心地加以守护，而后更要尽一切可尽的力量造福后人，以此来长久地传承。

shì wǎng nǎ néng tiào chū dàn dāng rěn xìng nài xīn zì
世网哪能跳出①，但当忍性耐心，自
ān yì mìng jí wǎng luó zhōng zhī ān lè wō chén wù qǐ
安义命②，即网罗中之安乐窝；尘务岂
néng jìn juān wéi bù qǐ lú zuò zào zì qǔ jiū chán jí
能尽捐，惟不起炉作灶③，自取纠缠，即
huǒ kēng zhōng zhī qīng liáng sǎn yě
火坑中之清凉散也。

【注释】

① 世网：比喻社会的法律礼教、伦理道德对人的束缚。

② 自安义命：安守本分。义命，本分。

③ 起炉作灶：即另起炉灶，自己另搞一套。

【译文】

社会对人的种种束缚是无法逃脱的，但是如果做到有所忍耐，并且安守本分的话，便会在这社会之网中有自己的安乐窝；世间的繁杂事务是无法全部抛除的，只要自己不另起炉灶，不自寻烦恼，便会在这烦乱如火坑的世间得到一剂清凉散。

rè bù kě chú ér rè nǎo kě chú qiū zài qīng liáng tái shàng
热不可除，而热恼可除，秋在清凉台上；
qióng bù kě qiǎn ér qióng chóu kě qiǎn chūn shēng ān lè wō zhōng
穷不可遣，而穷愁可遣，春生安乐窝中。

【译文】

炎热无法去除，但因炎热而产生的烦恼却是可以去除的，凉凉的秋意来自于心中的清凉台；贫穷无法排遣，但因贫穷而产生的愁苦却是可以排遣的，暖暖的春意产生于心中的安乐窝。

fù guì pín jiàn zǒng nán chèn yì zhī zú jí wéi chèn yì
富贵贫贱，总难称意，知足即为称意；
shān shuǐ huā zhú wú héng zhǔ rén dé xián biàn shì zhǔ rén
山水花竹，无恒主人，得闲便是主人。

【译文】

富贵贫贱，总难令人称心如意，其实只要懂得知足，一切便都称心如意了；山水花竹，并无永恒的主人，其实只要有空去观赏，便是它们的主人。

yào zú hé shí zú zhī zú biàn zú qiú xián bù dé xián
要足何时足，知足便足；求闲不得闲，
tōu xián jí xián
偷闲即闲。

【译文】

想要得到满足，却不知何时才能得到满足，其实只要知足便能得到满足了；想要得到空闲，却怎么也闲不下来，其实只要忙里偷闲便能得到空闲了。

zhī zú cháng zú zhōng shēn bù rǔ zhī zhǐ cháng zhǐ zhōng shēn bù chǐ
知足常足，终身不辱；知止常止，终身不耻。

【译文】

知足才能常常获得满足，终生不会受到侮辱；明白进退的道理，常常当退则退，终生不会蒙受耻辱。

jí xíng huǎn xíng qián chéng zǒng yǒu xǔ duō lù nì qǔ shùn qǔ mìng zhōng zhǐ yǒu zhè bān cái
急行缓行，前程总有许多路；逆取顺取，命中只有这般财。

【译文】

无论是快走还是慢走，前面的路总还有许多；无论是不该得的还是应该得的，命中只有这么多钱财。

lǐ yù jiāo zhēng fèi fǔ chéng wéi wú yuè wù wǒ yī tǐ shēn shāng zhōng shì dì xiōng
理欲交争①，肺腑成为吴越②；物我一体③，参商终是弟兄④。

【注释】

①理欲交争：公理与私欲的斗争。

②肺腑：比喻极其亲近的人。　吴越：春秋时的吴国和越国，两国相邻经常打仗，比喻仇敌。

③物我一体：自己与外物融为一体。

④参商：参星和商星，二星不同时出没，比喻关系疏远的人。

【译文】

公理与私欲斗争不休，会使极为亲近的人成为仇敌；自己与外物融为一体，即便关系疏远的人也会成为兄弟。

yǐ jī huò cái zhī xīn jī xué wèn yǐ qiú gōng míng zhī xīn
以积货财之心积学问，以求功名之心
qiú dào dé yǐ ài qī zǐ zhī xīn ài fù mǔ yǐ bǎo jué wèi
求道德，以爱妻子之心爱父母，以保爵位
zhī xīn bǎo guó jiā
之心保国家。

【译文】

用积聚财货的心思去积累学问，用求取功名的心思去追求道德，用关爱妻子儿女的心思去关爱父母，用保全官位的心思去保卫国家。

yí zuò wú yì zhī fèi yǐ zuò yǒu yì zé shì jǔ yí lè
移作无益之费以作有益，则事举。移乐
yàn yuè zhī shí yǐ lè jiǎng xí zé zhì zhǎng yí xìn yì duān
宴乐之时以乐讲习，则智长。移信异端
zhī yì yǐ xìn shèng xián zé dào míng yí hào cái sè zhī xīn
之意以信圣贤①，则道明。移好财色之心
yǐ hào rén yì zé dé lì yí jì lì hài zhī sī yǐ jì shì
以好仁义，则德立。移计利害之私以计是
fēi zé yì jīng yí yǎng xiǎo rén zhī lù yǐ yǎng jūn zǐ zé
非，则义精。移养小人之禄以养君子，则
guó zhì yí shū hé róng zhī zī yǐ shū jūn guó zé bīng zú
国治。移输和戎之赀以输军国②，则兵足。
yí bǎo shēn jiā zhī niàn yǐ bǎo bǎi xìng zé mín ān
移保身家之念以保百姓，则民安。

【注释】

①异端：古时的非正统思想和学说。

②和戎之赀：为向敌人求和所用的钱财。戎，我国古代称西方的民族，

这里指敌人。赀，钱财，费用。

【译文】

把花在没有意义事情上的钱财用到有意义的事情上，那么事情就可以办成。把用来享受宴会快乐的时间用到研究学问上，那么才智就会增长。把迷信异端邪说的心思用到信仰圣贤上，那么就会明白世间大道。把贪恋钱财美色的心思用到推崇仁义上，那么道德节操就会树立。把计算利害得失的心思用到判断是非上，那么就会明白道义。把供养小人的俸禄用于奉养君子，那么国家就会得到治理。把输送给敌人用来求和的物资用在保卫国家上，那么军力就会充足。把保护自己生命和家庭的心思用到保护百姓上，那么百姓就能获得平安。

zuò dà guān de shì yī yàng jiā shù zuò hǎo rén de shì yī yàng jiā shù

做大官底，是一样家数①；做好人底，是一样家数。

【注释】

① 家数：方法，手段。

【译文】

做大官有做大官的方法，做好人有做好人的方法。

qián jū jìn kě yǐ wéi shàn hé bì xiǎn huàn gōng xíng xiào tì zhì zài shèng xián zuǎn shù xiān zhé gé yán kān kè guǎng bù xíng jiàn huà xíng yī shí zé liú hòu shì shì yè zhī bù xiǔ miè yǐ jiā yān pín jiàn jìn kě yǐ jī fú hé bì fù guì cún píng děng xīn xíng fāng biàn shì xiào fǎ qián rén

潜居尽可以为善①，何必显宦！躬行孝弟，志在圣贤，纂述先哲格言②，刊刻广布③，行见化行一时④，泽流后世，事业之不朽，蔑以加焉⑤；贫贱尽可以积福，何必富贵！存平等心，行方便事，效法前人

yì xíng xùn sú xíng fāng zì rán yì dūn zōng zú dé bèi
懿行[⑥]，训俗型方[⑦]，自然谊敦宗族，德被
xiāng lín lì jì zhī wú qióng shú dà yú shì
乡邻，利济之无穷，孰大于是。

【注释】

①潜居：指隐居。

②纂述：编纂著述。

③刊刻：指刻版印刷书籍，泛指出版书籍。 广布：流传得很广。

④化行：施行教化。

⑤蔑以加焉：没有什么能超过的了。蔑，无，没有。加，超过。

⑥效法：学习。 懿行：善行。

⑦训俗型方：使世俗风气得到教导教化。

【译文】

隐居也一样可以做善事，何必非要做官！做到孝敬父母、友爱兄弟，立志达到圣贤的境界，编纂先哲的格言著述，并刊刻出版使之广为流传，这些行为虽然只是施行了一时的教化，但恩德却能够流传后世，这便是不朽的事业，再没有什么能超过的了。贫贱也可以积累福分，何必非要富贵！做到内心平等待人，办事多给他人行方便，学习前人的善行，改善世俗风气，家族自然变得和睦，德行广及乡亲邻里，做了太多帮助他人的好事，还有什么比这更好呢？

yī shí quàn rén yǐ kǒu bǎi shì quàn rén yǐ shū
一时劝人以口，百世劝人以书。

【译文】

用言语来劝导人们，只能达到一时的功效；用书本来劝导人们，则可以泽被百世。

jìng yǐ xiū shēn jiǎn yǐ yǎng dé rù zé dǔ xíng chū
静以修身，俭以养德，入则笃行，出
zé yǒu xián
则友贤。

【译文】

用平静修养身心，用俭朴培养德行，在家时行事敦厚质朴，外出时结交贤明之人。

dú shū zhě bù jiàn　shǒu tián zhě bù jī　jī dé zhě bù qīng　zé jiāo zhě bù bài

读书者不贱，守田者不饥，积德者不倾，择交者不败。

【译文】

用功读书的人不会品行卑贱，辛勤耕田的人不会忍饥挨饿，积德行善的人不会倾亡于祸患，谨慎交友的人不会遭受失败。

míng jìng zhǐ shuǐ yǐ chéng xīn　tài shān qiáo yuè yǐ lì shēn　qīng tiān bái rì yǐ yìng shì　jì yuè guāng fēng yǐ dài rén

明镜止水以澄心，泰山乔岳以立身，青天白日以应事，霁月光风以待人。

【译文】

净涤内心要如止水般宁静自然，树立人格要如泰山般高大雄伟，处理事情要如青天白日般光明磊落，对待他人要如明月清风般宽广磊落。

shěng fèi yī pín　tán qín yī zào　dú wò yī yín　suí yuán yī chóu　dú shū yī sú

省费医贫，弹琴医躁，独卧医淫，随缘医愁，读书医俗。

【译文】

节约花销可以医治贫穷，专心弹琴可以医治烦躁，独自睡眠可以医治淫欲，顺其自然可以医治忧愁，用功读书可以医治庸俗。

yǐ xiān huā shì měi sè　zé niè zhàng zì xiāo chú　yǐ liú shuǐ tīng xián gē　zé xìng líng hé hài

以鲜花视美色，则孽障自消除；以流水听弦歌，则性灵何害？

【译文】

将美色当作鲜花来看，贪恋痴迷自然消除；将音乐当作流水来听，精神又怎么会受到伤害呢？

yǎng dé yí cāo qín liàn zhì yí tán qí qiǎn qíng yí fù
养德宜操琴，炼智宜弹棋，遣情宜赋

shī fǔ qì yí zhuó jiǔ jiě shì yí dú shǐ dé yì yí lín
诗，辅气宜酌酒，解事宜读史，得意宜临

shū jìng zuò yí fén xiāng xǐng shuì yí jiáo míng tǐ wù yí
书，静坐宜焚香，醒睡宜嚼茗，体物宜

zhǎn huà shì jìng yí àn gē yuè hòu yí guàn huā bǎo xíng yí
展画，适境宜按歌，阅候宜灌花，保形宜

kè yào yǐn xīn yí tiáo hè gū kuàng yí wén qióng shè qù
课药①，隐心宜调鹤，孤况宜闻蛩②，涉趣

yí guān yú wàng jī yí sì què yōu xún yí jí cǎo dàn wèi
宜观鱼，忘机宜饲雀，幽寻宜藉草③，淡味

yí jū quán dú lì yí wàng shān xián yín yí yǐ lóu qīng
宜掬泉④，独立宜望山，闲吟宜倚楼，清

tán yí jiǎn zhú kuáng xiào yí dēng tái yì xīng yí tóu hú
谈宜翦烛⑤，狂啸宜登台，逸兴宜投壶⑥，

jié xiǎng yí qī zhěn xī yuán yí bì hù tàn jǐng yí xié
结想宜欹枕⑦，息缘宜闭户，探景宜携

náng shuǎng zhì yí lín fēng chóu huái yí zhù yuè juàn yóu yí
囊，爽致宜临风，愁怀宜伫月，倦游宜

tīng yǔ yuán wù yí duì xuě bì hán yí yìng rì kōng lèi yí
听雨，元悟宜对雪，辟寒宜映日，空累宜

kàn yún tán dào yí fǎng yǒu fú hòu yí jī dé
看云，谈道宜访友，福后宜积德。

【注释】

①课药：学习医药常识。课，学习。

②闻蛩：听虫鸣。闻，听。蛩，蟋蟀，此处代指昆虫的叫声。

③藉草：踏青远游。藉，踩，踏。草，代指草木丛生的幽静之处。

④掬泉：两手捧着泉水喝。掬，用两手捧。

⑤翦烛：即剪烛，剪掉烧焦的灯芯，使灯火更加明亮。此处引申为使室内明亮。

⑥投壶：古时宴会中的游戏，大家轮流把筹投入壶中，投中少的人被罚饮酒。

⑦欹枕：倚着枕头。欹，即倚，靠着。

【译文】

培养德行应当弹琴，锻炼心智应当下棋，抒发情感应当赋诗，调养气血应当饮酒，了解世事应当阅读史书，顺心得意应当临摹书法，静坐时应当燃点沉香，睡醒时应当喝茶提神，体察物性应当观赏绘画，闲暇无事应当伴乐高歌，观察时节应当浇灌花草，保养身体应当学习药理，宁静内心应当逗鹤戏鸟，孤独寂寞应当静听虫鸣，体会乐趣应当观赏游鱼，忘却烦恼应当饲喂鸟雀，寻访幽静应当踏青远游，品味清淡应当捧喝泉水，独自站立应当远望高山，闲暇吟唱应当登高倚楼，深夜清谈应当室内明亮，纵情长啸应当登临高台，心情悠闲应当宴饮游戏，心中有事应当倚枕静卧，断绝来往应当闭门不出，探寻美景应当携带饮食，体验清爽应当迎风站立，心中愁苦应当独自望月，厌倦游览应当聆听雨声，想有感悟应当独自赏雪，祛除寒气应当多晒太阳，身心疲倦应当抬头望云，谈论事理应当拜访朋友，造福后人应当积德行善。

悖凶类

【题解】

本章论及一些悖谬、错误及会带来凶险、灾祸的言行。这些都是人们应当批判的言行和努力克服的毛病，是编者从反面告诫人们做好人、行善事的必要。也可以理解为为人处世的“反面教材”，让读者引以为戒。这一章主要针对的是富贵之人、为官之人和精明能干之人。灾祸往往因侮辱、侵夺乃至伤害他人而起，恰恰是这类人具备这样的条件，因此编者格外提醒这类人要懂得修养自己。修养的重点还是落在道德品质上，要敬重天道、对得起良心，时时存善念、做善事，去除心中的不良欲望，为子孙后代和他人着想。不要因为暂时的富贵就大肆挥霍、轻贱他人，不要因为暂时的权力就放纵欲望、欺辱他人，更不要为追逐富贵和权力放弃了天理和良心。无论身处哪个时代，这种思想都有利于促进人类社会的和谐稳定。此外，本章也有一定的“因果报应”思想，其用意主要是从反面说明积德行善的重要意义，使人乐于为善。

fù guì jiā bù kěn cóng kuān bì zāo hèng huò cōng míng
富贵家不肯从宽，必遭横祸①；聪明
rén bù kěn xué hòu bì yāo tiān nián
人不肯学厚，必夭天年②。

【注释】

①横祸：意外的灾祸。

②夭天年：减损寿命。夭，人未成年而死。天年，寿命。

【译文】

富贵人家如果不肯宽厚待人，必定会遭到意外的灾祸；聪明人如果做人不宽厚一些，必定会减损寿命。

yǐ shì qī rén shì jìn ér wéi rén qī shì cái wǔ rén
倚势欺人，势尽而为人欺；恃财侮人，
cái sàn ér shòu rén wǔ
财散而受人侮。

【译文】

倚仗权势欺负他人，一旦失去了权势便会被人欺负；倚仗钱财侮辱他人，一旦钱财散尽便会被人侮辱。

àn lǐ suàn rén zhě suàn de shì zì jiā ér sūn kōng zhōng zāo bàng zhě zào de shì běn shēn zuì niè

暗里算人者，算的是自家儿孙；空中遭谤者，造的是本身罪孽。

【译文】

暗地里算计别人的人，最终算计的是自己的儿孙；凭空说别人坏话的人，最终是给自己制造罪孽。

bǎo féi gān yì qīng nuǎn bù zhī jié zhě sǔn fú guǎng jī jù jiāo fù guì bù zhī zhǐ zhě shā shēn

饱肥甘①，衣轻暖②，不知节者损福；广积聚，骄富贵，不知止者杀身。

【注释】

① 肥甘：指肥美甘甜的食物。

② 轻暖：轻柔暖和的衣服。

【译文】

人如果饱食肥美甘甜的食物，穿着轻柔暖和的衣服，而不懂得节制，最终会使福禄受到减损；人如果大量积聚财富，因富贵而骄横，而不懂得收敛，最终会招来杀身之祸。

wén yì zì duō fú bó zhī xīn yě fù guì zì xióng bēi lòu zhī jiàn yě

文艺自多①，浮薄之心也；富贵自雄②，卑陋之见也。

山东肥城的范蠡泛舟雕塑

范蠡是春秋末年越国的大政治家，曾帮助越王勾践复国雪耻，后来弃政从商，三次获得千金之富，却三次将钱财散尽，接济朋友兄弟。

【注释】

①文艺自多：夸耀自己的文才。文艺，文章写作才能，即文才。自多，自满，自夸。

②富贵自雄：因为富贵而自以为了不起。自雄，自以为了不起。

【译文】

夸耀自己的文才，这是心中浮躁和轻薄的体现；因为富贵就自以为了不起，这是见识卑劣与浅陋的表现。

wèi zūn shēn wēi　cái duō mìng dài

位尊身危，财多命殆[①]。

【注释】

①殆：危险，凶险。

【译文】

地位尊贵的人，往往处于非常危险的境地；积聚了大量财富的人，常常面临很多凶险。

jī zhě huò fú suǒ yóu fú　rén shēng yú jī　jí sǐ yú jī yě　qiǎo zhě guǐ shén suǒ zuì jì　rén yǒu dà qiǎo　bì yǒu dà zhuō yě

机者祸福所由伏[①]，人生于机，即死于机也；巧者鬼神所最忌，人有大巧，必有大拙也。

【注释】

①机："机"和"巧"常常连用，机巧即指诡诈。

【译文】

所谓"机"，灾祸和福禄都潜伏于其中，人一旦因为"机"而兴旺，也注定会因为"机"而败亡；所谓"巧"，无论魔鬼还是神明都忌讳它，人一旦拥有大的"巧"，也必定会拥有大的"拙"。

chū bó yán　zuò bó shì　cún bó xīn　zhǒng zhǒng jiē
出薄言，做薄事，存薄心，种种皆
bó　wèi miǎn zāi jí qí shēn　shè yīn móu　jī yīn sī
薄，未免灾及其身；设阴谋，积阴私①，
shāng yīn zhì　shì shì jiē yīn　zì rán yāng liú hòu dài
伤阴骘，事事皆阴，自然殃流后代②。

【注释】

①积阴私：做不可告人的事。阴私，指隐秘的不可告人的事。

②殃：祸害。

【译文】

说刻薄的话，做刻薄的事，存刻薄之心，如此种种刻薄的行为，难免会使自身遭受灾祸；设计阴谋，做不可告人的事，损害阴德，这般事事不可告人，注定会使后代遭到祸害。

jī dé yú rén suǒ bù zhī　shì wèi yīn dé　yīn dé zhī
积德于人所不知，是谓阴德，阴德之
bào　jiào yáng dé bèi duō　zào è yú rén suǒ bù zhī　shì wèi
报，较阳德倍多；造恶于人所不知，是谓
yīn è　yīn è zhī bào　jiào yáng è jiā cǎn
阴恶，阴恶之报，较阳恶加惨。

【译文】

在别人不知道的情况下做善事，这就是阴德，阴德的回报要比阳德多出好几倍；在别人不知道的情况下做恶事，这就是阴恶，阴恶的报应要比阳恶惨重得多。

jiā yùn yǒu shèng shuāi jiǔ zàn suī shū xiāo zhǎng xún huán rú zhòu yè rén móu fēn qiǎo zhuō zhì yú gè bié guǐ shén zhāng dān zuì yán míng

家运有盛衰，久暂虽殊[①]，消长循环如昼夜[②]；人谋分巧拙，智愚各别，鬼神彰瘅最严明[③]。

【注释】

① 久暂虽殊：虽然有长短的区别。久暂，即长短。殊，不同，区别。

② 消长循环：增减循环。消长，即增减。

③ 彰瘅：即彰善瘅恶，表彰善行、惩罚邪恶。瘅，惩罚。

【译文】

家族命运有盛有衰，虽然有长短的区别，但增减循环就像白天黑夜的循环一样；人的智谋有巧妙有笨拙，虽然有聪明和愚笨的区别，但鬼神表彰善行、惩罚邪恶是一样的严明。

tiān táng wú lù zé yǐ yǒu jūn zǐ dēng dì yù wú mén zé yǐ yǒu xiǎo rén rù

天堂无路，则已有君子登；地狱无门，则已有小人入。

【译文】

尽管天堂无路，但已有君子登上；尽管地狱无门，但已有小人堕入。

wéi è wèi rén zhī è zhōng jì yǒu zhuǎn niàn wéi shàn yù rén zhī shàn chù jí shì è gēn

为恶畏人知，恶中冀有转念[①]；为善欲人知，善处即是恶根。

【注释】

① 冀：希望。

【译文】

做坏事怕人知道，说明坏中有希望变好的转念；做好事想让人知道，说明善中已经埋下了恶的根源。

wèi guǐ shén zhī wú zhī　bù yīng qí fú　wèi guǐ shén zhī yǒu zhī　bù dāng wéi fēi

谓鬼神之无知，不应祈福；谓鬼神之有知，不当为非。

【译文】

认为鬼神什么都不知道，就不要去祈求福禄；认为鬼神什么都知道，就不要去做坏事。

shì kě wéi è ér bù wéi　jí shì shàn　lì kě xíng shàn ér bù xíng　jí shì è

势可为恶而不为，即是善；力可行善而不行，即是恶。

【译文】

有势力做坏事而不去做，这便是善；有能力做好事而不去做，这便是恶。

yú fú zuò zuì　qí zuì fēi qīng　yú kǔ zuò fú　qí fú zuì dà

于福作罪，其罪非轻；于苦作福，其福最大。

【译文】

身处幸福之中却做坏事，他的报应将是非常重的；身处贫苦之中却做好事，他的回报将是最丰厚的。

xíng shàn rú chūn yuán zhī cǎo　bù jiàn qí zhǎng　rì yǒu suǒ zēng　xíng è rú mó dāo zhī zhuān　bù jiàn qí xiāo　rì

行善如春园之草，不见其长，日有所增；行恶如磨刀之砖，不见其消，日

yǒu suǒ sǔn
有所损。

【译文】

做好事就好比春天花园中的小草，虽然看不见它的生长，实际它每天都在长高；做坏事就好比磨刀石，虽然看不出它的磨损，实际它每天都在损耗。

shǐ wéi shàn ér fù mǔ nù zhī xiōng dì yuàn zhī zǐ sūn
使为善而父母怒之，兄弟怨之，子孙
xiū zhī zōng zú xiāng dǎng jiàn wù zhī rú cǐ ér bù wéi shàn
羞之，宗族乡党贱恶之，如此而不为善，
kě yě wéi shàn zé fù mǔ ài zhī xiōng dì yuè zhī zǐ sūn
可也。为善则父母爱之，兄弟悦之，子孙
róng zhī zōng zú xiāng dǎng jìng xìn zhī hé kǔ ér bù wéi shàn
荣之，宗族乡党敬信之，何苦而不为善！
shǐ wéi è ér fù mǔ ài zhī xiōng dì yuè zhī zǐ sūn róng
使为恶而父母爱之，兄弟悦之，子孙荣
zhī zōng zú xiāng dǎng jìng xìn zhī rú cǐ ér wéi è kě
之，宗族乡党敬信之，如此而为恶，可
yě wéi è zé fù mǔ nù zhī xiōng dì yuàn zhī zǐ sūn xiū
也。为恶则父母怒之，兄弟怨之，子孙羞
zhī zōng zú xiāng dǎng jiàn wù zhī hé kǔ ér bì wéi è
之，宗族乡党贱恶之，何苦而必为恶！

【译文】

假使做好事会使父母发怒，兄弟埋怨，子孙羞耻，族人和乡亲们鄙视、厌恶，那么不去做好事，是可以的。但实际上，做好事会使父母关爱，兄弟高兴，子孙荣耀，族人和乡亲们敬重、信任，那么，为什么不去做好事呢？假使做坏事会使父母关爱，兄弟高兴，子孙荣耀，族人和乡亲们敬重、信任，那么做坏事便是可以的。但实际上，做坏事会使父母发怒，兄弟埋怨，子孙羞耻，族人和乡亲们鄙视、厌恶，那么，为什么要去做坏事呢？

wéi shàn zhī rén fēi dú qí zōng zú qīn qī ài zhī péng
为善之人，非独其宗族亲戚爱之，朋
yǒu xiāng dǎng jìng zhī suī guǐ shén yì yīn xiàng zhī wéi è
友乡党敬之，虽鬼神亦阴相之①；为恶
zhī rén fēi dú qí zōng zú qīn qī pàn zhī péng yǒu xiāng dǎng
之人，非独其宗族亲戚叛之，朋友乡党
yuàn zhī suī guǐ shén yì yīn jí zhī
怨之，虽鬼神亦阴殛之②。

【注释】

① 阴相：暗中帮助。相，辅助，帮助。

② 阴殛：暗中惩罚。殛，杀死，此处引申为惩罚。

【译文】

做好事的人，不仅会得到家族成员的爱戴，还会得到朋友和乡亲们的敬重，即使是鬼神也会在暗中帮助他；做坏事的人，不仅会遭到家族成员的抛弃，还会受到朋友和乡亲们的怨恨，即使是鬼神也会在暗中惩罚他。

wéi yī shàn ér cǐ xīn kuài qiè bù bì zì yán ér xiāng
为一善而此心快惬，不必自言，而乡
dǎng chēng yù zhī jūn zǐ jìng lǐ zhī guǐ shén fú zuò zhī shēn
党称誉之，君子敬礼之，鬼神福祚之，身
hòu chuán sòng zhī wéi yī è ér cǐ xīn kuì zuò suī yù yǎn hù
后传诵之；为一恶而此心愧怍，虽欲掩护，
ér xiāng dǎng chuán xiào zhī wáng fǎ xíng rǔ zhī guǐ shén zāi huò
而乡党传笑之，王法刑辱之，鬼神灾祸
zhī shēn hòu zhǐ shuō zhī
之，身后指说之。

【译文】

做了一件好事便会心情舒畅，用不着自己说就会得到乡亲们的称赞、君子的尊敬和礼遇，以及鬼神赐给的福禄，死后还会为人们所传诵。做了一件坏事便会内心惭愧，尽管想要掩盖，但最终会遭到乡亲们的耻笑、国家法律的惩罚和侮辱，以及鬼神降下的灾祸，死后还会为人们所指责。

yī mìng zhī shì gǒu cún xīn yú ài wù yú rén bì yǒu
一命之士[①]，苟存心于爱物，于人必有
suǒ jì wú yòng zhī rén gǒu cún xīn yú lì jǐ yú rén bì
所济；无用之人，苟存心于利己，于人必
yǒu suǒ hài
有所害。

【注释】

① 一命之士：指做官的人。

【译文】

做官的人，如果有关爱万物之心，就一定会对他人有所帮助；普通的人，如果只有利己之心，就一定会对他人造成伤害。

gāo liáng jī yú jiā ér bō xuē rén zhī kāng hé zhōng
膏粱积于家，而剥削人之糠覈[①]，终
bì zì wáng qí gāo liáng wén xiù chōng yú shì ér rǎng yǐ rén
必自亡其膏粱；文绣充于室，而攘以人
zhī bì qiú zhōng bì zì sàng qí wén xiù
之敝裘[②]，终必自丧其文绣。

【注释】

① 糠覈：指粗劣的食物。糠，稻谷等作物加工时脱去的外壳。覈，米、麦加工后所剩的外皮碎屑。

② 攘：抢夺。　敝裘：破烂衣裳。

【译文】

家中囤积着肥肉、细米等食物，却还要搜刮别人的粗劣饭食，这么做最终会丧失自己的精细食物；屋里藏满了精美的刺绣衣服，却还要抢夺别人的破烂衣裳，这么做最终会丧失自己的精美衣服。

tiān xià wú qióng dà hǎo shì　jiē yóu yú qīng lì zhī yī niàn
天下无穷大好事，皆由于轻利之一念，
lì yī qīng　zé shì shì xī shǔ tiān lǐ　wéi shèng wéi xián
利一轻，则事事悉属天理，为圣为贤，
cóng cǐ jìn jī　tiān xià wú qióng bù xiào shì　jiē yóu yú zhòng
从此进基；天下无穷不肖事，皆由于重
lì zhī yī niàn　lì yī zhòng　zé niàn niàn jiē wéi rén xīn　wéi
利之一念，利一重，则念念皆违人心，为
dào wéi zhí　cóng cǐ zhí rù
盗为跖，从此直入。

【译文】

天下许多大好事之所以能够办成，都是起于看轻个人利益的念头，个人利益一旦看轻，那么所有的事情都能处理得合乎天理，成为圣贤便由此开始；天下许多坏事之所以发生，都是起于过分看重个人利益的念头，个人利益一旦看重，那么所有的念头都会违背众人的心愿，成为大盗便由此开始。

qīng yù rén zhī　rén qíng zhī cháng　jīn wú jiàn yǒu tān yù
清欲人知，人情之常，今吾见有贪欲
rén zhī zhě yǐ　duǒ qí yí　chuí qí xián　wéi kǒng rén wù
人知者矣，朵其颐[①]，垂其涎，惟恐人误
shì wéi líng guī ér bù bǎo qí yù wàng yě　qí bù shàn zì fá
视为灵龟而不饱其欲望也；其不善自伐，
shèng dé zhī shì　jīn wú jiàn yǒu zì fá qí è zhě yǐ　zhāng
盛德之事，今吾见有自伐其恶者矣，张
qí yá　lù qí zhǎo　wéi kǒng rén bù shí wéi měng hǔ ér bù
其牙，露其爪，惟恐人不识为猛虎而不
wèi qí wēi yě
畏其威也。

【注释】

①朵其颐：本指鼓动两腮吃东西，此处引申为不掩饰自己贪婪的一种举动。与下句“垂其涎”同一意思。朵，鼓动。颐，两腮，面颊。

【译文】

清廉的品行总想让别人知道，这是人之常情，现如今我见到有这么一种人，明明贪婪却也不掩饰，鼓动着两腮，流着口水，唯恐别人将他误认为占卜用的大龟而不满足他的欲望；能干却不自夸，这是德行高尚的表现，现如今我见到有这么一种人，明明恶行累累却也夸耀自己，张牙舞爪，唯恐别人不知道他像猛虎一样凶恶而不畏惧他的威势。

yǐ shē wéi yǒu fú yǐ shā wéi yǒu lù yǐ yín wéi yǒu yuán yǐ zhà wéi yǒu móu yǐ tān wéi yǒu wéi yǐ lìn wéi yǒu shǒu yǐ zhēng wéi yǒu qì yǐ chēn wéi yǒu wēi yǐ dǔ wéi yǒu jì yǐ sòng wéi yǒu cái

以奢为有福，以杀为有禄①，以淫为有缘，以诈为有谋，以贪为有为，以吝为有守，以争为有气，以嗔为有威，以赌为有技，以讼为有才。

【注释】

①禄：俸禄，此处代指权力。

【译文】

把奢侈当作有福气，把杀戮当作有权力，把淫乱当作有艳缘，把欺诈当作有智谋，把贪婪当作有作为，把吝啬当作会守财，把争斗当作有勇气，把发怒当作有威严，把赌博当作有技艺，把打官司辩论当作有才干。

móu guǎn rú shǔ dé guǎn rú hǔ bǐ zhǔ rén ér bó dì zǐ zhě shú shī zhī wú chǐ yě mài yào rú xiān yòng yào rú diān zéi rén mìng ér wěi tiān shù zhě yī shī zhī wú

谋馆如鼠①，得馆如虎，鄙主人而薄弟子者，塾师之无耻也。卖药如仙，用药如颠②，贼人命而诿天数者③，医师之无

chǐ yě mì dì rú gǔ tán dì rú wǔ jīn yì chuán ér
耻也。觅地如瞽[4]，谈地如舞，矜异传而
bàng tóng dào zhě dì shī zhī wú chǐ yě
谤同道者，地师之无耻也。

【注释】

① 谋馆：谋求教职。馆，旧时教书先生执教的地方。

② 用药：指治病救人。 颠：疯癫，精神错乱。

③ 贼人命：伤害人的性命。贼，伤害。 诿：推诿，推脱。

④ 觅地如瞽：寻找墓地时就像瞎了眼。觅，寻找。瞽，眼睛失明。

【译文】

谋求教职时就像只老鼠，得到教职后便像只老虎，在主人面前低声下气而在学生面前高傲刻薄，这是作为教书先生最无耻的行为。卖药的时候就像神仙，治病救人时就像个疯子，伤害了他人的性命反而将责任推脱为天数命理，这是作为医生最无耻的行为。寻找墓地时只会乱找就像个瞎子，谈起如何选择墓地时则大说特说手舞足蹈，夸耀自己得到真传而说同行的坏话，这是作为风水先生最无耻的行为。

bù kě xìn zhī shī wù yǐ sī qíng jiàn zhī shǐ rén tuō yǐ zǐ
不可信之师，勿以私情荐之，使人托以子
dì bù kě xìn zhī yī wù yǐ sī qíng jiàn zhī shǐ rén tuō yǐ
弟。不可信之医，勿以私情荐之，使人托以
shēng mìng bù kě xìn zhī kān yú wù yǐ sī qíng jiàn zhī shǐ
生命。不可信之堪舆[1]，勿以私情荐之，使
rén tuō yǐ xiān hái bù kě xìn zhī nǚ wù yǐ sī qíng méi zhī
人托以先骸。不可信之女，勿以私情媒之[2]，
shǐ rén tuō yǐ zōng sì
使人托以宗嗣[3]。

【注释】

① 堪舆：即风水，此处代指风水先生。

②媒：即保媒牵线，撮合两家的男女婚事。

③宗嗣：子孙后代。

【译文】

不可信任的教书先生，不要因为个人交情而向别人推荐，让别人把子弟托付给他。不可信任的医生，不要因为个人交情而向别人推荐，让别人把生命托付给他。不可信任的风水先生，不要因为个人交情而向别人推荐，让别人把先辈的骸骨托付给他。不可信任的女子，不要因为个人交情而为别人保媒牵线，让别人把后代托付给她。

sì ào zhě nà wǔ huì guò zhě zhǎng è tān lì zhě hài
肆傲者纳侮，讳过者长恶①。贪利者害
jǐ zòng yù zhě qiāng shēng
己，纵欲者戕生。

【注释】

①讳过：回避过错。讳，忌讳，回避。

【译文】

任性傲慢的人会遭到侮辱，回避过错的人会助长罪恶。贪图利益的人会危害自己，放纵欲望的人会伤害自己的性命。

yú tūn ěr é pū huǒ wèi dé ér xiān sàng qí shēn
鱼吞饵，蛾扑火，未得而先丧其身。
xīng zuì lǐ wén bǎo xuè yǐ dé ér suí wáng qí shēn cí
猩醉醴①，蚊饱血，已得而随亡其身。鹚
shí yú fēng niàng mì suī dé ér bù xiǎng qí lì yù bù
食鱼，蜂酿蜜，虽得而不享其利。欲不
chú sì é pū dēng fén shēn nǎi zhǐ tān bù liǎo rú xīng
除，似蛾扑灯，焚身乃止。贪不了，如猩
shì jiǔ biān xuè fāng xiū
嗜酒，鞭血方休。

【注释】

①醴：酒。

【译文】

鱼儿吞饵，飞蛾扑火，还没得到好处就先没了性命。猩猩喝醉了酒，蚊子吸饱了血，已经得到了好处但也会马上没了性命。鸬鹚吃鱼，蜜蜂酿蜜，虽然得到了一点好处但并不能大量享受利益。欲望不除，就像飞蛾扑火，直到自己被烧焦才会停止。贪心不灭，就像猩猩贪酒，直到被鞭打出血才肯罢休。

míng xīng lǎng yuè　hé chù bù kě áo xiáng　ér fēi é dú
明星朗月，何处不可翱翔？而飞蛾独
qū dēng yàn　jiā huì qīng quán　hé chù bù kě yǐn zhuó　ér
趋灯焰；嘉卉清泉，何处不可饮啄？而
yíng wén zhēng shì xīng shān
蝇蚊争嗜腥膻。

【译文】

星光闪烁、明月当空，什么地方不可以飞翔呢？飞蛾却偏偏要扑向灯火；花朵芳香、清泉甘甜，什么地方不可以吃喝呢？苍蝇、蚊子却争相吃那些腥臭的东西。

fēi é sǐ yú míng huǒ　gù yǒu qí zhì zhě　bì yǒu qí yāng
飞蛾死于明火，故有奇智者，必有奇殃；
yóu yú sǐ yú fāng lún　gù yǒu shàn shì zhě　bì yǒu měi dú
游鱼死于芳纶①，故有善嗜者，必有美毒。

【注释】

①纶：钓鱼用的丝线。

【译文】

飞蛾死在明亮的火光中，因此，聪明超群的人一定会遭遇不同于常人的灾祸；游鱼死在芳香的钓线上，因此，贪食美味的人一定会遭遇美味的毒害。

kǎi xià qí zhī láo láo　qiū háo wú bǔ　xiào dōng hōng zhī mào mào　chūn mèng fāng huí

慨夏畦之劳劳①，秋毫无补②；笑冬烘之贸贸③，春梦方回④。

【注释】

①夏畦之劳劳：夏天在田地中辛苦地劳作，泛指生活奔波劳苦。畦，周围筑埂便于灌溉的田地。

②秋毫无补：没有丝毫的帮助。秋毫，动物秋天长出的细毛，形容微小。无补，没有帮助。补，帮助。

③冬烘之贸贸：指迂腐浅陋，昏庸糊涂。冬烘，糊涂懵懂，迂腐浅陋，含讽刺之意。贸贸，昏庸糊涂。

④春梦方回：大梦初醒，回到现实。

【译文】

感慨那些奔波劳苦的人，到头来对生计没有丝毫的帮助；可笑那些迂腐浅陋、昏庸糊涂的人，只有大梦初醒才能回到现实。

jí rén wú lùn chǔ shì píng hé　jí mèng mèi shén hún　wú fēi shēng yì　xiōng rén bù dàn zuò shì guāi lì　jí shēng yīn xiào mào　hún shì shā jī

吉人无论处世平和，即梦寐神魂，无非生意；凶人不但作事乖戾，即声音笑貌，浑是杀机。

【译文】

善良的人无论什么时候都心态平和，即便是在睡梦之中，也无不充满着好生之意；凶恶的人不仅做事乖张暴虐，即便在言语神态之间，也充满着杀戮之意。

rén rén xīn dì kuān shū　shì shì yǒu kuān shū qì xiàng　gù fú jí ér qìng cháng　bǐ fū xiōng huái kē kè　shì shì yǐ kē

仁人心地宽舒，事事有宽舒气象，故福集而庆长；鄙夫胸怀苛刻，事事以苛

kè wéi néng gù lù bó ér zé duǎn
刻为能，故禄薄而泽短。

【译文】

仁爱的人心胸宽广，无论做什么事都有宽和舒缓的气度，所以福气聚集而吉祥绵长；鄙陋的人内心刻薄，无论做什么事都尽量苛刻，所以福禄微薄而恩泽短浅。

chōng yī gè gōng jǐ gōng rén xīn biàn shì wú yuè yī jiā
充一个公己公人心，便是吴越一家；
rèn yī gè zì sī zì lì xīn biàn shì fù zǐ chóu chóu
任一个自私自利心，便是父子仇雠。

【译文】

胸中怀有一颗对己对人都公正的心，即便是仇敌也会亲如一家；胸中怀有一颗自私自利的心，即便是父子也会成为仇敌。

lǐ yǐ xīn wéi yòng xīn sǐ yú yù zé lǐ miè rú gēn zhū
理以心为用，心死于欲则理灭，如根株
zhǎn ér běn yì huài yě xīn yǐ lǐ wéi běn lǐ bèi yù hài zé
斩而本亦坏也；心以理为本，理被欲害则
xīn wáng rú shuǐ quán jié ér hé yì gān yě
心亡，如水泉竭而河亦干也。

【译文】

天理以人心为基础，一旦人心死于欲望，那么天理也就泯灭了，就像树木的根被斩断枝干便会枯亡一样。人心以天理为根本，一旦天理被欲望侵害，那么人心也就死亡了，就像泉水枯竭河流便会干涸一样。

yú yǔ shuǐ xiāng hé bù kě lí yě lí shuǐ zé yú gǎo yǐ
鱼与水相合，不可离也，离水则鱼槁矣。
xíng yǔ qì xiāng hé bù kě lí yě lí qì zé xíng huài yǐ xīn
形与气相合，不可离也，离气则形坏矣。心
yǔ lǐ xiāng hé bù kě lí yě lí lǐ zé xīn sǐ yǐ
与理相合，不可离也，离理则心死矣。

【译文】

鱼与水是融合在一起的，不可以互相分离，离开水鱼就会干枯死去。身体与元气是合在一起的，不可以互相分离，离开元气身体就会死亡。人心与天理是合在一起的，不可以互相分离，离开天理人心就已死去。

tiān lǐ shì qīng xū zhī wù　qīng xū zé líng　líng zé huó
天理是清虚之物，清虚则灵，灵则活；
rén yù shì zhā zǐ zhī wù　zhā zǐ zé chǔn　chǔn zé sǐ
人欲是渣滓之物，渣滓则蠢，蠢则死。

【译文】

天理是清明虚空的事物，因为清明虚空便有了灵性，有了灵性便有了生命；人欲是肮脏污秽的事物，因为肮脏污秽便有了愚蠢，有了愚蠢便导致了死亡。

wú yǐ shì yù shā shēn　wú yǐ huò cái shā zǐ sūn　wú yǐ zhèng shì shā bǎi xìng　wú yǐ xué shù shā tiān xià hòu shì
毋以嗜欲杀身，毋以货财杀子孙，毋以政事杀百姓，毋以学术杀天下后世。

【译文】

不要因不良嗜好和欲望而伤害了自己，不要因财货金钱而伤害了子孙，不要以国家政事的名义来伤害百姓，不要以所谓学术的名义来祸害后人。

wú zhí qù lái zhī shì ér jiù quán　wú gù dé sàng zhī wèi ér wéi chǒng　wú shì jù sàn zhī cái ér wéi lì　wú rèn lí hé zhī xíng ér wéi wǒ
毋执去来之势而救权，毋固得丧之位而为宠，毋恃聚散之财而为利，毋认离合之形而为我。

【译文】

不要依靠来去不定的形势而谋求权力，不要为了稳固得失不定的官位而求取恩宠，不要仗着聚散不定的财富而追逐利益，不要将人存灭不定的肉体当成真正的自我。

刘怀山绘《五柳先生小像》

五柳先生是晋代陶渊明《五柳先生传》中的人物，他不追求富贵，不慕荣利，安贫乐道。其实这也是陶渊明自身的真实写照。

tān le shì wèi de zī yì bì zhāo xìng fèn de sǔn tǎo le rén shì de pián yi bì chī tiān dào de kūi
贪了世味的滋益，必招性分的损；讨了人事的便宜，必吃天道的亏。

【译文】

贪恋世俗的享乐，必定招致本性的损伤；占了人事上的小便宜，必定要吃天道上的大亏。

jīng gōng yán yǔ yú xíng shì háo bù xiāng gān zhào guǎn pí máo yǔ xìng líng yǒu hé guān shè
精工言语，于行事毫不相干；照管皮毛，与性灵有何关涉！

【译文】

巧妙动听的言语，和踏踏实实的做事没有任何关系；照料管理皮毛琐事，和修养身心又有什么关联！

jīng jí mǎn yě ér wàng shōu jiā hé zhě yú sī niàn mǎn xiōng ér yù qiú fú yìng zhě bèi

荆棘满野，而望收嘉禾者愚；私念满胸，而欲求福应者悖①。

【注释】

① 悖：违背，此处指违背常理。

【译文】

田野里长满了荆棘杂草，却盼望着收获丰厚的人是愚蠢的；心中充满了私念，却祈求福禄降临的人是违背常理的。

zhuāng jìng fēi dàn rì qiáng yě níng xīn jìng qì jué fēn yīn cùn guǐ bèi zì shū cháng ān sì fēi dàn rì tōu yě yì zòng shén chí suī lěi yuè jīng nián yì xíng xùn shǐ zì jiā guò è zì jiā xǐng dài huò bài shí xǐng yǐ chí yǐ zì jiā bìng tòng zì jiā yī dài sǐ wáng shí yī yǐ wǎn yǐ

庄敬非但日强也，凝心静气，觉分阴寸晷，倍自舒长；安肆非但日偷也①，意纵神驰，虽累月经年，亦形迅驶。自家过恶自家省，待祸败时，省已迟矣；自家病痛自家医，待死亡时，医已晚矣。

【注释】

① 安肆：安乐放纵。 日偷：日渐衰落。

【译文】

庄重恭敬不仅会使人每天强健，心气平和，觉得每时每刻都倍感舒缓悠长；安乐放纵不仅会使人日渐衰落，精神涣散，虽经年累月，仍会感到时光流逝的飞快。自己的过错要自己反省，等到败亡的时候再反省就已经太迟了；自己的病痛要靠自己来医治，等到死亡的时候再医治就已经晚了。

duō shì wéi dú shū dì yī bìng duō yù wéi yǎng shēng dì yī bìng duō yán wéi shè shì dì yī bìng duō zhì wéi lì xīn dì yī bìng duō fèi wéi chí jiā dì yī bìng

多事为读书第一病，多欲为养生第一病，多言为涉世第一病，多智为立心第一病①，多费为持家第一病。

【注释】

① 立心：树立准则。

【译文】

事情太多是读书最大的毛病，欲望太多是养生最大的毛病，说话太多是处世最大的毛病，心智太多是树立准则最大的毛病，浪费太多是持家最大的毛病。

jīn zhī yòng rén zhǐ pà wú qù chù bù zhī qí bìng gēn zài lái chù jīn zhī lǐ cái zhǐ pà wú lái chù bù zhī qí bìng gēn zài qù chù

今之用人，只怕无去处，不知其病根在来处；今之理财，只怕无来处，不知其病根在去处。

【译文】

当今用人，只担心无法安排人才的去处，却不知道问题出在人才的选择上；当今理财，只担心没有钱财的来源，却不知道问题出在钱财的花费上。

pín bù zú xiū kě xiū shì pín ér wú zhì jiàn bù zú wù kě wù shì jiàn ér wú néng lǎo bù zú tàn kě tàn shì lǎo ér wú chéng sǐ bù zú bēi kě bēi shì sǐ ér wú bǔ

贫不足羞，可羞是贫而无志。贱不足恶，可恶是贱而无能。老不足叹，可叹是老而无成。死不足悲，可悲是死而无补。

【译文】

贫穷并不值得羞耻，值得羞耻的是贫穷却没有志向。低贱并不可恶，可恶的是低贱却没有能力。年老并不可叹，可叹的是年老却没有成就。死亡并不可悲，可悲的是死得没有任何意义。

shì dào quán měi chù　yuàn wǒ zhě nán kāi zhǐ zhāi zhī duān
事到全美处，怨我者难开指摘之端；
xíng dào zhì wū chù　ài wǒ zhě mò shī yǎn hù zhī fǎ
行到至污处，爱我者莫施掩护之法。

【译文】

事情做到尽善尽美的境界，即便怨恨我的人也难以找到指责我的理由；品行到了污秽不堪的地步，即便关爱我的人也无法施展掩护我的办法。

yī gòu bù jiān　qì quē bù bǔ　duì rén yóu yǒu cán sè
衣垢不湔①，器缺不补，对人犹有惭色；
xíng gòu bù jiān　dé quē bù bǔ　duì tiān qǐ wú kuì xīn
行垢不湔，德缺不补，对天岂无愧心。

【注释】

①湔：洗。

【译文】

衣服脏了却不洗，器具破损了却不修补，面对他人尚且有惭愧的神色；行为污秽而不去“清洗”，道德破损而不去“修补”，面对苍天心中难道就不感到惭愧吗？

gòng rén xīn shǎng　chái fēng yuè yú yān huā　shì yuē xiè
供人欣赏，侪风月于烟花，是曰亵
tiān　chěng rén jī fēng　jiè shī shū yǐ xì xuè　shì
天①；逞人机锋②，借诗书以戏谑，是
míng wǔ shèng
名侮圣。

【注释】

① 亵天：亵渎上天，即对上天的冒犯。亵，轻慢，冒犯。

② 机锋：指机智深刻的话语。

【译文】

为了向人显示风流才情，便沉醉花街柳巷与风尘女子来往，这是亵渎上天；为了向人显示话语的机智深刻，就借用诗书经典中的话来开玩笑，这是侮辱圣贤。

zuì mò dà yú xiè tiān è mò dà yú wú chǐ guò mò dà yú duō yán
罪莫大于亵天，恶莫大于无耻，过莫大于多言。

【译文】

最大的罪过就是冒犯上天，最大的罪恶就是没有羞耻，最大的过错就是爱多说话。

yán yǔ zhī è mò dà yú zào wū xíng shì zhī è mò dà yú kē kè xīn shù zhī è mò dà yú shēn xiǎn
言语之恶，莫大于造诬。行事之恶，莫大于苛刻。心术之恶，莫大于深险。

【译文】

最恶毒的语言，莫过于造谣、诬陷。最恶劣的行为，莫过于刻薄、不近人情。最险恶的心思，莫过于深不可测、阴险毒辣。

tán rén zhī shàn zé yú gāo mù bào rén zhī è tòng yú gē máo
谈人之善，泽于膏沐①；暴人之恶，痛于戈矛。

【注释】

① 泽：恩惠。　膏沐：代指沐浴。

【译文】

谈论别人的善行，给人带来的恩惠要比沐浴还舒服；暴露别人的过错，给人带来的痛楚要比戈矛刺伤还痛。

dāng è zhī shī gān wéi shí yǔ shāng xīn zhī yǔ

当厄之施，甘为时雨；伤心之语，

dú yú yīn bīng

毒于阴冰。

【译文】

在他人陷入困境时施予恩惠，就像及时雨般甘润；伤透人心的话语，比寒冰还要阴毒。

yīn yán jī yǔ zhī xiǎn qí kě yǐ xiǎng wéi wén jìng bù

阴岩积雨之险奇，可以想为文境，不

kě shè wéi xīn jìng huá lín yìng rì zhī qǐ lì kě yǐ jiǎ shè

可设为心境；华林映日之绮丽，可以假设

wéi wén qíng bù kě yǐ wéi shì qíng

为文情，不可以为世情。

【译文】

山中不见天日、积云兴雨的险奇之处，可以设想为文章意境，但不可设想为人的心境；阳光普照山林的美丽景致，可以假设为文章抒发的情感，不可以借用这种情感来为人处世。

cháo fù xǐ ěr yǐ míng gāo yú yǐ wéi ěr qí dòu yě

巢父洗耳以鸣高①，予以为耳其窦也②，

qí yán yǐ rù yú xīn yǐ dāng pōu xīn ér huàn zhī chén zhòng

其言已入于心矣，当剖心而浣之③；陈仲

chū wā yǐ shì jié yǔ yǐ wéi wā qí zǐ yě qí wèi yǐ rù

出哇以示洁④，予以为哇其滓也，其味已入

qí cháng yǐ dāng kuī cháng ér dí zhī

其肠矣，当刲肠而涤之⑤。

【注释】

① 巢父洗耳：当为“许由洗耳”，许由、巢父皆为上古隐士，帝尧想把天下禅让给许由，许由认为这话玷污了他，便跑去河边洗耳朵，而巢父认为许由洗过耳朵的河水都被污染了，甚至不让他的小牛犊喝这河水。指为人清高，反感世间的功名利禄。

② 予：我。 窦：孔，洞。

③ 浣：洗，清洗。

④ 陈仲出哇：陈仲，战国齐人，以纯洁自律闻名，误食别人送给他兄长的鹅，因而出门将鹅肉吐出。哇，吐。

⑤ 刲：割取。

【译文】

巢父用洗耳朵来表示自己的清高，我以为耳朵不过是个孔洞而已，请他做帝王的话已经进入了他的心里，应当把心剖开好好洗洗。陈仲用出门吐鹅肉来表示他的纯洁，我以为吐出来的不过是残渣而已，那鹅肉的滋味已经进入了他的肠胃，应当割下肠子好好洗洗。

dǐ zī huáng zhī bèi běn zōng　huò jīn dài huài shèng xián
诋缁黄之背本宗①**，或衿带坏圣贤**
míng jiào　lì qīng zǐ zhī wàng gù yǒu　nǎi héng máo shāng
名教②**；詈青紫之忘故友**③**，乃衡茅伤**
gǔ ròu tiān lún
骨肉天伦④**。**

【注释】

① 诋：诋毁，毁谤。 缁黄：指僧人和道士，僧人穿缁服，道士戴黄冠。缁，黑色。

② 衿带：要害之地，此处引申为德高望重的位置。

③ 詈：骂。 青紫：古代高官印绶、服饰的颜色，代指高官。

④ 衡茅：即茅草屋，指简陋的房屋。

【译文】

诋毁僧人和道士离经叛道的那些伪君子，或许正处在德高望重的位置上做着有损圣贤名声与教化的事；大骂高官忘记老朋友的那些小人，或许正在简陋的茅草屋中干着伤害骨肉亲人、有损天理的勾当。

yán liáng zhī tài fù guì shèn yú pín jiàn jí dù zhī
炎凉之态，富贵甚于贫贱；嫉妒之
xīn gǔ ròu shèn yú wài rén
心，骨肉甚于外人。

【译文】

世间冷暖之态，富人比穷人表现得更为明显；嫉妒之心，骨肉亲人要比外人更为严重。

xiōng dì zhēng cái fù yí bù jìn bù zhǐ qī qiè zhēng
兄弟争财，父遗不尽不止；妻妾争
chǒng fū mìng bù sǐ bù xiū shòu lián chéng ér dài sǐ
宠，夫命不死不休。受连城而代死①，
tān zhě bù wéi rán sǐ lì zhě hé xū lián chéng xié qīng guó yǐ
贪者不为，然死利者何须连城？携倾国以
dài cú yín zhě bù gǎn rán sǐ sè zhě hé xū qīng guó
待殂②，淫者不敢，然死色者何须倾国？

【注释】

①连城：即价值连城，形容宝物价值之高。

②倾国：即倾国倾城，形容女子貌美。 待殂：等死。殂，死。

【译文】

兄弟之间争夺财产，父亲的遗产不分干净就不会停止；妻妾之间争夺恩宠，丈夫不死就不会罢休。接受价值连城的宝物而代替别人去死，就连贪婪的人也不会去做，然而为了利益而死的人，所得到的利益哪够得上价值连城呢？带着倾国倾城的美女等死，就连好色的人也不敢，然而因好色而死的人，所贪图的美色哪够得上倾国倾城呢？

bìng wēi wū huò suī tóng zǐ zhì tǐng kě tà chòu fǔ
病危乌获[1]，虽童子制梃可挞[2]；臭腐
wáng qiáng wéi hú lí zuān xué xiāng kūi
王嫱[3]，惟狐狸钻穴相窥[4]。

【注释】

① 乌获：战国时秦国大力士。

② 梃：棍棒。 挞：用鞭、棍等打人。

③ 王嫱：即汉代的王昭君，中国古代四大美女之一。

④ 窥：从小孔、缝隙中偷看。

【译文】

病重时的大力士乌获，即便小孩子也能拿棍子打他；死后身体腐臭的美女王嫱，也只有狐狸会钻进墓穴去看她吧。

shèng rén bēi shí mǐn sú xián rén tòng shì jí sú zhòng
圣人悲时悯俗，贤人痛世疾俗，众
rén hùn shì zhú sú xiǎo rén bài cháng luàn sú
人混世逐俗，小人败常乱俗。

【译文】

圣人悲伤忧心时俗，贤人不满憎恶世俗，凡人追随世俗，小人败乱时俗。

dú shū wéi shēn shàng zhī yòng ér rén yǐ wéi zhǐ shàng zhī
读书为身上之用，而人以为纸上之
yòng zuò guān nǎi zào fú zhī dì ér rén yǐ wéi xiǎng fú zhī dì
用；做官乃造福之地，而人以为享福之地。
zhuàng nián zhèng qín xué zhī rì ér rén yǐ wéi yǎng ān zhī rì
壮年正勤学之日，而人以为养安之日；
kē dì běn xiāo tuì zhī gēn ér rén yǐ wéi zhǎng jìn zhī gēn
科第本消退之根[1]，而人以为长进之根。

【注释】

①根：依据，此处引申为契机、时机。

【译文】

读书是为了修身养性，而常人却以为只是为了写写文章；做官是为了造福百姓，而常人却以为是为了自己享福。壮年正是勤奋学习的时候，而常人却以为是保养、安闲的时候；科举考中本应是保身退让的契机，而常人却以为是努力上进的契机。

shèng zhě shuāi zhī shǐ fú zhě huò zhī jī fú mò dà yú
盛者衰之始，福者祸之基。福莫大于
wú huò huò mò dà yú yāo fú
无祸，祸莫大于邀福。

【译文】

极盛是衰败的开始，福禄是灾祸的根基。最大的福气就是没有灾祸，最大的灾祸就是刻意求福。

图书在版编目(CIP)数据

格言联璧/马天祥译注. —北京:中华书局,2014.8(2022.4重印)
(中华蒙学经典)
ISBN 978-7-101-10006-8

Ⅰ.格… Ⅱ.马… Ⅲ.格言-汇编-中国-古代-儿童读物
Ⅳ.H136.3-49

中国版本图书馆 CIP 数据核字(2014)第 026071 号

书　　名	格言联璧
译 注 者	马天祥
丛 书 名	中华蒙学经典
责任编辑	徐麟翔
出版发行	中华书局 (北京市丰台区太平桥西里 38 号　100073) http://www.zhbc.com.cn E-mail:zhbc@zhbc.com.cn
印　　刷	三河市中晟雅豪印务有限公司
版　　次	2014 年 8 月第 1 版 2022 年 4 月第 7 次印刷
规　　格	开本/700×1000 毫米　1/16 印张 17½　插页 2　字数 100 千字
印　　数	22001-25000 册
国际书号	ISBN 978-7-101-10006-8
定　　价	35.00 元